斯多葛式智慧
Stoic Wisdom
Ancient Lessons for Modern Resilience

〔美〕南希·谢尔曼（Nancy Sherman） 著
回楷璇 译

中国出版集团
中译出版社

图书在版编目（CIP）数据

斯多葛式智慧 /（美）南希·谢尔曼（Nancy Sherman）著；回楷璇译. -- 北京：中译出版社，2022.11
书名原文：Stoic Wisdom: Ancient Lessons for Modern Resilience
ISBN 978-7-5001-7196-6

Ⅰ. ①斯… Ⅱ. ①南… ②回… Ⅲ. ①斯多葛派—研究 Ⅳ. ①B502.32

中国版本图书馆 CIP 数据核字（2022）第 194866 号

Stoic Wisdom: Ancient Lessons for Modern Resilience © Oxford University Press 2021

Stoic Wisdom: Ancient Lessons for Modern Resilience was originally published in English in 2021.This translation is published by arrangement with Oxford University Press. China Translation &Publishing House is solely responsible for this translation from the original work and Oxford University Press shall have no liability for any errors, omissions or inaccuracies or ambiguities in such translation or for any losses caused by reliance thereon.
The simplified Chinese translation copyright © 2022 by China Translation &Publishing House
ALL RIGHTS RESERVED

图字：01-2022-4241

斯多葛式智慧 SIDUOGESHI ZHIHUI

出版发行	中译出版社
地　　址	北京市西城区新街口外大街 28 号普天德胜大厦主楼 4 层
电　　话	(010) 68359373, 68359827（发行部）68357328（编辑部）
邮　　编	100088
电子邮箱	book@ctph.com.cn
网　　址	http://www.ctph.com.cn

出 版 人	乔卫兵
策划编辑	郭宇佳　李　坤
责任编辑	孙秀丽
文字编辑	孙秀丽
封面设计	潘　峰
营销编辑	张　晴　徐　也

排　　版	北京竹页文化传媒有限公司
印　　刷	中煤（北京）印务有限公司
经　　销	新华书店

规　　格	880 毫米 ×1230 毫米　1/32
印　　张	9.5
字　　数	173 千字
版　　次	2022 年 11 月第 1 版
印　　次	2022 年 11 月第 1 次印刷

ISBN 978-7-5001-7196-6　定价：68.00 元

版权所有　侵权必究
中 译 出 版 社

斯多葛式智慧

塞内卡　爱德华多·罗萨莱斯作品
1836—1873 年

献给马歇尔

致他恒久的爱与幽默

有些东西取决于我们,而有些则并非如此。

——爱比克泰德

我不会再接受我无法改变的事物,
但我正改变着我无法接受的事物。

——安杰拉·戴维斯

如果你想成为真正的专家,就要做超越自己的事情。
谁又会为抚养下一代负责呢?

——鲁斯·巴德·金斯伯格

目 录

第 1 课
斯多葛思想强势复兴 ｜001

第 2 课
谁是斯多葛学派哲学家 ｜023

第 3 课
寻求平静：疫情时代的斯多葛主义 ｜053

第 4 课
管理你的情绪 ｜091

第 5 课
斯多葛学派的毅力与韧性 ｜123

第 6 课
通过自我同情获得治愈：斯多葛式战士 ｜153

第 7 课
生活诀窍 |183

第 8 课
斯多葛学派生活的艺术 |219

第 9 课
一种健康的现代斯多葛主义 |249

致　谢 |265
注　释 |271

第 1 课

斯多葛思想强势复兴

新禅道

斯多葛主义已然在当代复兴了,并且这一次声势浩大。现在有很多斯多葛哲学的书籍、格言文摘,以及帮助你重振生活的网站、播客、广播和网络速成课——有的教人如何更有男子气概,有的教人如何变得平静,有的教人如何以罗马人的方式沉思,有的教人如何践行节制,还有的教人如何增加或减少控制性行为。知名作家蒂莫西·费里斯(Tim Ferriss)写了《每周工作四小时》(*The 4-Hour Workweek*),

他是风靡一时的硅谷思想领袖，同时还是播客主持人，他把斯多葛主义作为"专为企业家打造的理想"哲学加以推销。如他所说，斯多葛主义是良好的"操作系统"，有助于训练那些理想远大的人，让他们知道何时以及如何克制自我。斯多葛主义现在已经成为了"新禅道"（new Zen），是一种用于缓解压力和涵养美德的哲学实践。除线上的斯多葛社区之外，还有一个国际性的年度集会叫作"斯多康"（Stoicon），旨在帮助各个领域的学习者更好地将斯多葛式的实践融入他们的日常生活。随着狂热的斯多葛主义者将西方文明的伟大作品推崇为白人气质和男子气概的堡垒，这一斯多葛热潮也蔓延到了另类右翼[①]（alt-right）那里。

可以说，斯多葛主义已经成为很多人的心头好，其原因何在呢？因为它表达精练，易于理解。罗马时期的斯多葛作家和拥护者不乏帝王政客，不仅包括西塞罗（Cicero）、塞内卡（Seneca），还有马可·奥勒留（Marcus Aurelius）这样不仅有权有势还富有文字天赋的人。塞内卡最著名的学生尼禄（Nero）也需要每日学习斯多葛课程来克制盛怒时的情绪。当时的政治气候对斯多葛主义的发展而言也足够成熟，面对皇权和阴谋，人们需要一种足够平静的哲学。这样的情形与我们所处的时代也有诸多类似。

[①] 另类右翼（alt-right）是美国右翼政治思想中反对主流保守主义的一个派别。
　　——编者注

但斯多葛主义绝不仅仅是贵族的专利，在爱比克泰德（Epictetus）这样的被奴役者身上也可以发现同样的智慧。颇为讽刺的是，身为君王的马可·奥勒留正是受到了爱比克泰德的启发才写作了他的斯多葛式沉思。《沉思录》（Meditations）是马可·奥勒留写给自己看的，这本书是日耳曼战役期间他在多瑙河畔黄昏的帐下独思时写下的个人反思。这份晚间日志提醒着身为君主和将领的他，面对已然拥有的无限权力，谦逊和基于理性的美德总是格外重要的。爱比克泰德认为，我们可以改变自己的意志，却不能改变周遭的事件，奥勒留也深以为然。我们的幸福依赖于我们对那些影响着我们的事物的判断，而不是依赖于那些尚未得到解释的对象或事件。我们本来就是世界的解释者，不存在未经解释的经验。在这个意义上，斯多葛学派是有先见之明的。

但是为什么说当下斯多葛主义已成为西方社会的新禅道了呢？这部分是因为追求平静在西方文化中已经成为一种急迫的需求。对科技型初创企业而言，工作繁重的日子总令人感到狂躁，新一轮融资前的准备工作更让人感到紧张，设计出兼顾用户友好和智能水平的产品时所面临的麻烦也会引发各种程度的压力和倦怠。为生活寻找诀窍（Life-hacking）、创造高效而完美的生活捷径越发成为人们的追求。斯多葛主义之所以备受青睐，很大原因就是它为人们提供了一种历史悠久的变通方法。除此之外，对极端右派而言，斯多葛思想也是一种带有"白人先辈"(dead white men)之印记的哲学。

　　新冠病毒肺炎疫情几乎为所有人都增添了一份焦虑，社交孤立、失业、大量的人死亡以及普遍的恐惧，都使人们倍感压力。疫情使我们清楚地意识到，我们需要一些方法来让自己在情感上和心理上都做好准备来应对最糟糕的情况。简而言之，我们都需要一种方法来降低焦虑和缓解绝望。我们都渴望自助和内心平静。对那些在西方传统经典中寻求建议和智慧的人而言，斯多葛主义的希腊罗马根源使其得到了认可。在斯多葛学派以降的西方思想中，我们常能发现它的印记，这使得它更易被人们接受。但最为重要的是，斯多葛思想向来都不只是一种沉思性的哲学，它更是一种实践性的哲学（至少对罗马学派的斯多葛主义而言是这样）。它的核心理念不是像佛教禅宗那样教导人们破除自我，而是在努力进行自我掌控的同时认识到自我掌控的局限。对古代人和很多现代人而言，践行斯多葛主义是一种培育坚韧品格的方式。斯多葛主义的方法不仅是心理学的，更是哲学的和规范的，而且都与一种富有美德和品格的生活息息相关。它所朝向的目标是内在力量，这种力量与那种植根于理性的美德深刻地交织在一起。当古代的美德伦理学遇见现代的生活管理技巧，这样的结合是无与伦比的。

　　斯多葛主义在某些方面的感召力几乎是无可抗拒的，尤其是其核心理念：在承受外界所施加的限制的同时加强对自我的掌控。这一理念的应用无处不在。你无须成为尼禄王宫里的塞内卡或者美国海军飞行员，更或者越战时期的战俘詹姆斯·斯托克代尔（James Stockdale）①——他在 7 年的监禁岁月中将爱比克泰德的哲学视为赖以生存的精神信仰。拓展自我控制边界是种挑战，这种挑战始终都是我们每个人人生的一部分，不论你是为人父母者，想要感化一个已经长大的孩子，却担心过度的控制会使之疏远；抑或你是一个想要战胜死亡的"黑客"（life-hacker），却发现有可能正是对自我的过分依恋驱动着战胜死亡的冲动。我们在生活中的多数追求都是想控制更多的事情，却并不知道如何把握界限；我们总是希望极力推进这些事情直至达成我们的目标，并且随即想平静地接受其中的必然性。简单来讲，在我们能控制的事情上我们都想予以把握，而在其他适当的时候我们则接受界限的约束，因此我们才不会被怒火或者毁灭性的失望所吞噬。用英格兰诗人威廉·埃内斯特·亨利（William Ernest Henley）斯多葛风格的诗《不可征服》（*Invictus*）中的诗句来表达，即我们想要成为我们命运的主宰，我们想要成为我们灵魂的统帅。

但对古代及现代的斯多葛学派追随者而言，人生的挑战在于弄清什么是由我们掌控且合理的。如果像斯多葛主义者

---

① 1964 年"北部湾事件"期间，斯托克代尔在"提康德罗加"号航空母舰上指挥空袭。1965 年 9 月 9 日，他所乘坐的 A-4 天鹰式攻击机在北越被击落，其在河内被俘。斯托克代尔被北越关押长达 7 年，获释后获得美国荣誉勋章。——编者注

那样将范围限定得过于狭窄，那么斯多葛主义看起来就只会像一种明哲保身的哲学，因为会有过多的因素被放任到我们的意志之外，任由运气和老天定夺。但如果这个界限由他人来为我们限定，那么诉诸斯多葛主义就意味着作为个体的我们要有过重的负担，并且创造出一种关于不屈意志的神话，我们的意志能够且应当在任何情形和成体系的结构之下进行抗争，无论情况有多么不利。这样的看法却没有意识到，改变这些成体系的结构本应当由群体共同完成。饱受折磨的圣人仍然能活得很好，亚里士多德拒斥这幅图景为"绝无可能"之事，正统的斯多葛学派却试图复兴之，认为这才是足以达成幸福的德性典范。

但是在试图与此边界抗争却倍感受挫之时，或是在试图改变一些人却感到对不起他们的善意时，我们中的多数人都会感到难过，斯托克代尔当然也会这样。不论某种能力是先天具备的还是后天培养的，将其一帆风顺地发挥出来总是令人愉悦的。相反的情形也是这样：即使我们在一条道路上可以看到成长的机会，但当我们在已经付出最大限度的努力却依然遭受挫败时，我们还是会感到痛苦。

简言之，如果坚韧意味着不败，那么这种坚韧的概念本身就具有误导性。爱比克泰德是我们的思想资源之一，他就经常诉诸坚韧这一概念，并且还倡导把道德训练作为一种体育运动，倡导人们在其中要一直做好重新振作并重回赛道的准备——"你的意志力和决心可以一往无前。"但爱比克泰德夸大了它们的力量。他过少地提及来自社会的支持，而这种支持既可以成就我们，也可以让我们挫败。

在诉诸人类的彼此连接和面对爱与失去时的脆弱这方面，其他斯多葛学者就做得更好。希洛克洛斯（Hierocles）是一位不怎么有名的斯多葛学派作家，他构想了一系列以自我为中心的向外扩展的同心圆。在世界中"有家的感觉"（to be at home）需要我们努力将最外层的圆往中心收拢。苏格兰启蒙哲学家亚当·斯密（Adam Smith）受斯多葛主义的影响，将这个通过共情和想象得到训练和打磨的认同过程称为"将心比心"（changing places in fancy）。马可·奥勒留在他的《沉思录》中甚至描绘出了一幅更为"血腥"的图画：一只被砍掉的手臂和一颗被砍掉的头颅被放在剩余肢体的旁边，而这就是"人切断其自身与自己所在世界的联系"[1]时的样子。奥勒留写下这些内容时正身处一场战斗中，他也许正是想到了白天在战场上目睹的杀戮和被肢解的尸体。身体的某部分在被砍离它所属的躯干后，无法保留其功能。与之相似，我们在从所属的政治社会整体中分离出去后，也无法很好地生存。那些具有破坏性的民族主义和部落主义（tribalism）所引发的猖獗仇恨都使我们的世界处于危险中，因而斯多葛思想产生的影响对当今世界而言十分重要。疫情使我们明白，不论乐意与否，我们都生活在同一个地球上。减少恐慌和风险不仅对我们自身的生存而言十分重要，而且对那些远在千里之外的人们的福祉也十分关键，这些人在病毒、食品供应、交通、医疗和科技等方面都与我们密切相关。

斯多葛学派是第一批严格意义上的世界公民（cosmopolitans）。这一点并不令人惊讶，因为其生活的政治世界已经从狭小的希腊**城邦**①（polis）谋求向外扩张。罗马帝国也延伸到了多个大陆的大片土地上。"世界公民"这个词的诞生实际上要早于斯多葛学派。公元前4世纪的犬儒主义者第欧根尼（Diogenes the Cynic）来自锡诺普（Sinope，可能在希腊的科林斯旁边），当被问及来自哪里时，他给出了著名的回答"我是这个世界的公民"[2]，一个**世界公民**（kosmopolites）。基蒂翁（Citium）的芝诺（Zeno，即塞浦路斯的芝诺，约生于公元前334年）是斯多葛学派的创始人，他发展和传授了这样的观念：在一个整体世界中进行社会和政治参与对人类繁荣而言是必不可少的。我们拥有共同的理性，我们依赖由社会支持与社会合作所缔结的纽带来过上良好的生活。也许古代斯多葛学派用"分有宇宙理性"②所要表达的不是我们今天想要表达的意思，但斯多葛的世界公民概念所要传达的一点是，坚韧并不仅意味着你通过象征着成功

---

① 原文为斜体，为了便于阅读，此处做加粗处理。下同。——编者注
② 斯多葛学派解释宇宙的概念。他们认为宇宙中的动力形成了一种有理性的基质，即无所不在的力或火。——编者注

存活的个人努力和毅力来使自己做到极致。反之,"把世界当作家"(at home in the world)——这是另一个我们将要探索的斯多葛学派的核心概念——在于跟那些对你寄予厚望并支撑着你的人保持联系。一本关于如何像斯多葛思想家一样幸福生活的批判性指南,需要包括以下内容更为丰富的斯多葛式原则:通过向外拓展圈子来培养美德。这也是我将要呈现的内容之一。

本书是一部实战指南,介绍了**可靠的**(credible)斯多葛式的实践哲学。本书纠正了近年来所流行的对古代斯多葛主义的一些误读,并且为那种值得追求的斯多葛式的信条和实践辩护。它还为如何过上良好生活提供了操作指南,探索了斯多葛主义在高科技行业、军队、另类右翼群体、自助圈子,甚至心理治疗中复兴的原因。在疫情肆虐的年代里,我们追寻内心的安宁,这本书还探索了斯多葛主义为什么吸引了全世界各行各业的人。

课程预览

古罗马的斯多葛学派是以实践性演说的形式从事哲学研究的,他们以讲授课程、写信和沉思的形式给出忠告。用他们的话说，他们所教授的是"生活的艺术"。基于这一精神，下面是本书关于斯多葛哲学的课程大纲。

在第 2 课中，我会向读者们介绍斯多葛学派——他们是谁，在历史语境中他们的思想是什么样的，以及他们留下的思想遗产。斯多葛哲学的影响既深远又强劲。犹太教、基督教、中世纪和文艺复兴时期的思想、启蒙哲学，以及美国知识分子——比如拉尔夫·沃尔多·爱默生（Ralph Waldo Emerson）的思想中都有斯多葛哲学的"DNA"。爱默生以自立（self-reliance）的概念重新表述了斯多葛哲学的自我掌控概念[3]，希望通过在自然中得到揭示的真实不虚而彼此相通的心灵来挑战陈规旧俗。斯多葛学派依赖社会性和自然的自我掌控观念产生了跨越历史的共鸣。

在这本书中，我只能指出其诸多思想倾向中的一支或几支，但其中的关键点是，斯多葛学派思想家是古代世界和现代世界之间的桥梁。他们的身影也出现在第一个千年的开端①，开启了犹太教-基督教时代以及后世的西方哲学。在阅读本书时更要牢记在心的是，罗马的斯多葛学派思想家们是典型的公共哲学家，他们倡导将哲学付诸实践。从教学和实践的角度来看，斯多葛主义都是植根于日常生活的哲学，这

---

① 斯多葛学派，公元前 4 世纪由塞浦路斯岛的芝诺创立，一直流行到公元 2 世纪的罗马时期。所以说"他们的身影也出现在第一个千年的开端"。"第一个千年"，此处指从公元元年起算的一千年。——编者注

也正是斯多葛主义时至今日仍有魅力的原因——它是一种走出象牙塔的、关乎日常生活的哲学,但这种哲学的普及导致了人们对它的夸大和曲解。斯多葛学派本就是出了名的夸大其词者,当时他们以年轻人为主要劝服对象,让年轻人相信他们学派的魅力。现在斯多葛主义正被曲解着,历史正在重演。追寻当时和现在的斯多葛主义是如何被曲解的也是本书的重要特色。当被斯多葛主义吸引时,我们所获得的对其教义的理解是否是公正的?

　　第3课转入对斯多葛式实践问题的探讨。斯多葛式的实践是如何进行的?斯多葛学派进行自我掌控的技巧又是什么?斯多葛哲学家都是自控怪人吗?或者,他们是否为我们提供了规范复杂情绪生活的健康方式呢?斯多葛学派哲学家们一贯是新概念制造者,他们热衷于创造一些还未沾染陈旧的思考模式的新术语。他们致力于以一种与先前哲学家不同的方法划分内部世界和外部世界。他们全新的概念体系产生了实践结果,即为更强的自我控制以及强化这种自我控制所需的技巧标定了区域。在我们理解世界时,检查我们在世界中所接受的感觉印象和评价是关键所在。但同样重要的是,为了缓解意料之外的事情所带来的冲击,要事先练习如何处理我们可能面临的损失与失败。分开看待努力和成功也是寻求平静的关键所在,因为平静来自我们对自我控制的界限的了解。事先练习应对压力和将自己暴露于压力的方法与当代的缓和创伤疗法有着惊人的相似之处。尽管在当代，这种暴露疗法更多被用作事情发生之后的治疗方法，而非事情发生之前的预防。就此而言，关于如何训练自身以缓解身心压力而不至于被压垮这一问题，斯多葛学派会给我们带来重要的一课。

在管理情绪方面，斯多葛学派会给我们什么忠告？我们要管理哪些情绪呢？简言之，在生活中，斯多葛式的实践是否会容许你处处显露自己的情绪呢？这正是第4课的主题。斯多葛学派认为情绪是认知性的，对此他们有一套复杂而又富有洞见的说明。同时，他们还设定了不同层次的情绪体验——从最初的本能反应，到展现美德和智慧的复杂情绪。我们考察情绪管理时的一个关键问题在于，斯多葛学派能否教给我们一种方法，使我们在控制生活压力的同时不至于摧毁那些赋予生活以意义的感受，不论这种意义是对伴侣、护理员、老师、舞蹈家、小说读者，还是热衷于公共事务的公民来说。你如何才能一边克服那些偶尔会使你发狂的情绪的同时，一边坚守兴趣、承诺、动机和"坚忍"呢？在我们思考一般性的情绪以及具体思考愤怒和悲伤时，我会提出这些问题。

很多斯多葛哲学的拥护者都会被一种致力于自我控制（植根于极强的耐力和毅力）的项目吸引。斯多葛主义已经成了代名词，代表着一种历史悠久的培养坚韧（resilience）

品质的方法。但正如在第 5 课中我将要论证的，坚韧是一个容易被曲解的概念。能很好地适应创伤和逆境是一回事，而将个人的能力过度理想化，认为不论身处任何条件都能承受并且坚持到底却是另一回事。更为关键的是，这种艰苦的自立概念是对古代斯多葛主义的误用。我们的思想资源之一——爱比克泰德，是个以警句式言辞著称的思想普及者，他时常论及"无敌"（invincibility），但他并不能最好地代表更为细致入微的斯多葛思想。

从当代对坚韧的看法出发，我探索了培养坚韧品性的斯多葛式技巧。大多数当代心理学研究不再将具有坚韧品性的个人视作"无坚不摧"（invulnerable）的，而是将关注点放在社会和文化方面的保护因素上，这些因素能提升个体对风险和逆境的适应能力。对抗风险和逆境的保护能力、适应能力而非"无敌"也是一部分斯多葛哲学家倡导我们训练的。要使现代斯多葛主义所说的坚韧切实可行，而不是只对那些不惜一切代价坚持到底的人有吸引力，那么它就必须是一种健康的坚韧。否则，斯多葛学派的狂热爱好者们就是在倡导这样一种坚韧——它有可能引发严重的精神健康风险。正如我提到的，社会维度对我们的幸福而言是不可或缺的，它在马可·奥勒留的《沉思录》中具有核心意义。社会维度也是塞内卡的作品，包括书信和文章，尤其是他的悲剧《疯狂的赫拉克勒斯》[4]（*Hercules*

Furens，或 Hercules Raging）——中常有的主题。塞内卡在这里向我们说明，就连赫拉克勒斯式的勇气也需要父亲的温柔抚摸和好友的同情来充当治愈性的"序曲"，让他看到在自己英雄行为的冲动中所不能展现的东西。即使是对赫拉克勒斯这样的大力神而言，依靠他人也是至关重要的。

长久以来，斯多葛主义都塑造着军队文化。在第 6 课中，我将以自己在军事机构中的教学经历为基础详细地阐明这一点。对那些服役人员而言，"振作起来，继续前进"（To suck it up and truck on）正是斯多葛式的口号。对军官学校（service academies）的很多人来说，"斯多葛主义"（stoicism）有个隐含的大写字母"S"，这象征着对古希腊罗马学说的认同。爱比克泰德和马可·奥勒留的作品是美国和国外其他军事院校的经典教学内容。詹姆斯·斯托克代尔（James B. Stockdale）是一位海军上将，也是一位军事教育家，更是受人尊敬的美国英雄。在越南北部著名的"河内希尔顿"（Hanoi Hilton）战俘营中，他以高级战俘的身份生存了 7 年半的时间，而他把这归功于自己已将爱比克泰德《手册》（Handbook）里的思想内化于心。在军事领域，越来越多的人认为，战争所带来的心理消耗和做一名有道德良心的战士所带来的危险是道德创伤（moral injury），而斯多葛主义的理论与精神创伤之间存在冲突。精神创伤是一种极端形式的道德困境（moral distress），其症状与创伤后应激障碍（post-traumatic stress）的部分症状相同，道德创伤的诱因却是一种实施过、遭受过或目睹过道德越轨行为的感觉，而非巨大的生命威胁。比如说，在检查站发生的某起事件中，如果逼近军事基地的汽车在收到多次警告后仍不停车，士兵可能就会杀死车内的幼童。这名士兵本身就是一个父亲，尽管他知道根据正义的战争规则和具体的交战规则，这次开枪是被允许的，但却丝毫无法减轻折磨他的强烈内疚感和羞愧感。斯多葛学派能否在一场致力于消除压力的训练中为道德创伤留下空间呢？如果能，那么他们是否告诉了我们应该如何从精神伤害中学习和成长呢？在第6课中，我对这两个问题都给出了肯定回答。我将展示斯多葛学派如何为"良好"的道德困境的可能性留出空间，以及通过自我同情来获得治愈的方法。如果伤害能为道德成长和平静的恢复提供路径，那么这一点将是十分关键的。

在第7课中，我要追问这样一个问题：为何硅谷对斯多葛主义如此着迷？如果说斯多葛主义教给我们谦逊的智慧和了解自我掌控之界限的智慧，那么对那些想要拓宽控制的边界破解生命的"密码系统"（hacking life）来对抗死亡的人，他们如何与斯多葛主义产生共鸣呢？斯多葛式智慧启发下的生活诀窍总是只关注自身，还是也关注如何以一种不带偏见和非理性恐惧的态度更好地看待他人呢？通过推特或者其他社交媒体建立起来的全球即时通信网络，是应对种族主义恐惧的现代斯多葛式"集体"诀窍吗？与此相关，古希腊罗马式"白人先辈"概念被误用来建构某种排斥女性、少数群体和其他边缘群体的社会制度，现代斯多葛学派如何解决这个问题？古代斯多葛哲学在其作品中表现出对女性的歧视了吗？

在第8课中，我将对比斯多葛式沉思与东方冥想。罗马的斯多葛主义者在每一天将要结束的时候都会沉思。塞内卡详细列出了自己的沉思过程，奥勒留则在一天的战斗结束之后写下日记。沉思的基调是道德性的：它巩固以理性为基础的美德，并且分析什么是与自然相适应的，它置名誉、财富和荣誉于不顾，将终极价值归结到培养个人美德上，去感恩和保持谦卑。这些都是通向内心平静的路径。相反，在我实践过的各种形式的东方冥想里，道德劝导都比较少。吠陀冥想（Vedic meditation）通过反复念诵咒语（mantra）来使心灵平静，它与美德、善或道德完美无关。的确它也不是一种分散心神的练习，其要义不在于讲话或训导，而在于使嘈杂的言语安静下来。佛教通过破除与自我相伴随的诸相而强调空的概念。既然沉思也是复兴的斯多葛学派所具有的吸引力的一部分，那么这种沉思是什么样的呢？如果咒语不是"唵"所组成的吟咏而是道德格言，那么当它们让我们知晓自我的不足从而消除这些不足时，这些道德格言又如何使人产生平静呢？道德说教究竟是不是一条寻求平静的可行之路？在这一课中，我将反思自己的东方式冥想和斯多葛式沉思实践，也将思考其他将斯多葛主义融入在职场生活的人的沉思实践。

在第9课中，我得出了一些关于斯多葛式生活的结论。如果你仍然愿意成为斯多葛主义者，你能否成为一个精神健全的现代斯多葛主义者？在富有生机的社会关系当中，一个现代斯多葛主义者能支持他人以及获得他人的支持吗？斯多葛式的坚韧是否超越了个人的匹夫之勇和一味忍耐呢？在这本书中，我对这些问题自始至终都做肯定的回答，但是，这要求我们超越某些对斯多葛主义的夸张描述，并诉诸更为翔实的斯多葛文本。除此之外，我们还需要跟随斯多葛哲学家对奴役进行反思。爱比克泰德是个被奴役的罗马人，由于外在自由是不可能达成的，他转而寻求内心的自由。而尽管塞内卡是一名政治流亡者，他却未被奴役。他曾为善待罗马奴隶做出有力辩护，不过动机却是复杂的，而且经常是自私的。人际关系的"编织"并不总是基于善意或尊重，尽管我们希望如此。文本是由历史塑造的，然而从道德上讲，现实中的生活比文本里表达的纯粹抱负更为棘手。

但是，这些文本及其所传达的抱负仍然给予了我们丰富的智慧启迪，教会我们如何在这个焦虑和恐惧泛滥的世界中寻求健康的平静。这些课程并非仅仅与"我"、欲望管理或风险管理有关，而显然是关乎美德的，关乎我们所有人；这些课程还讨论了一些我们可以用来达成更高目标的工具。斯多葛思想家擅长敦促规劝，他们极力劝说我们以理性、合作和无私的品格来发挥潜能。

关于术语的注释

文本由历史塑造，语言和术语也是如此。现实生活中的问题令人感到棘手，而在各个时代的思想之间游走同样是复杂的任务。斯多葛主义能应用于我们身上，但我们不是古希腊人或古罗马人，我们要面对自己的挑战并且要诚实地反思自己的过往，我们是生活在当下的现代人。我们[①]的过往包括奴役非裔美国人，而我们的现在则包含这种奴役留下的遗患。伴随着2020年夏天乔治·弗洛伊德（George Floyd）之死而重燃烈火的"黑人的命也是命"（Black Lives Matter）运动，一场关于种族问题的全国性热议重新开启。这次热议既讨论我们用于谈论这件事的语汇，也讨论边缘人群的生存环境。在我听来，"奴隶"（Slave）这个词就是在

---

① 作者是美国哲学家，这里的"我们"特指美国人。——编者注

暗示一个人完整而持久的身份;"奴隶制"(Slavery)这个词则将相关制度和奴隶主的能动性隐藏了起来。这两个词都使我感到不适,因此我不论是在谈论古代还是现代的事情,都会避免使用它们。

希腊人和罗马人将奴役的历史传给我们。有些人从出生起就被奴役,也有人因战争被俘获、因在拍卖场上被交易而遭人奴役。但斯多葛哲学家们与这种常见的奴役保持着距离,这一点是广为人知的。他们认为真正的奴役都发生在灵魂层面。斐洛(Philo)用两篇论文来呈现斯多葛式悖论[5]:一篇是《每个好人都是自由的》(Every Good Man Is Free),另一篇是《每个坏人都是奴隶》(Every Bad Man Is a Slave,已不幸失传)。据此,那些强大而未受拘束的骗子、恶棍和奴隶主都可以遭到奴役,而被买卖和殴打的被奴役之人则可以享有自由。这是一种远离现实的逃离,将道德与社会和政治现实区分开了。

智慧不仅要求我们从历史中学习,也要求我们避免重演罪恶、重蹈覆辙。唯此,我们才能在道德上、政治上和社会上都取得进步。因此在我自己的写作当中,我使用"被奴役的"(enslaved)人和"奴役"(enslavement)制度这两个术语来表示,奴役是施加于个体身上的政治性和社会性的因素。我们需要反复提醒大家,所有人皆有人性。就像在拷打和奴役的情形中那样,如果他们被当作工具、财产或物品,那么这些压迫就是从外部施加的。类似的，我用"斐洛"或"亚历山德里亚的斐洛"（Philo of Alexandria）而非"斐洛·犹地斯"（Philo Judaeus）来指称斐洛，"犹地斯"（Judaeus①）掩盖了他的真正身份。

  我所使用的文本是由其他学者翻译的，我对他们渊博的学识抱有尊敬和感激。如果他们在翻译塞内卡、爱比克泰德或其他哲学家的文本时用到了"奴隶"或"奴隶制"这样的词，我予以保留。对修改过去以及过去的记载，我毫无兴趣。但为了知晓全人类更美好的未来是什么样的，我们需要以史为镜。悠久的斯多葛学派许诺，我们可以在共通的人性中变得更有力量。我们在向斯多葛主义寻求指导的时候，需要将此谨记于心。

---

① Judaeus 是拉丁语的"犹太人"。——编者注

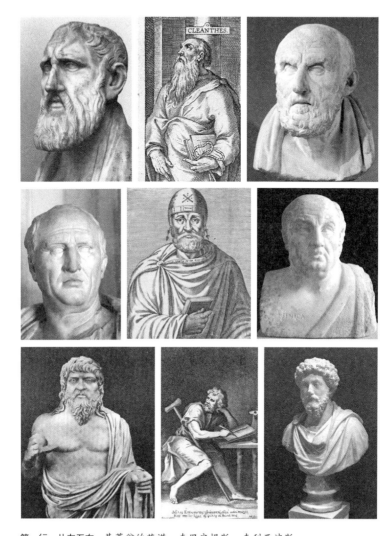

第一行，从左至右：基蒂翁的芝诺，克里安提斯，克利西波斯
第二行，从左至右：西塞罗，亚历山德里亚的斐洛，塞内卡
第三行，从左至右：穆索尼乌斯·鲁弗斯，爱比克泰德，马可·奥勒留

第 2 课

谁是斯多葛学派哲学家

斯多葛学派的故事要从苏格拉底讲起。苏格拉底简朴的生活方式、在市集上与信徒们的集会以及富有传奇色彩的死亡，都使得他被斯多葛哲学家们奉为始祖。苏格拉底的形象和影响在斯多葛思想中至关重要。

我们多数人知晓的苏格拉底是其学生柏拉图笔下的形象，苏格拉底述而不作，没有著作流传后世。在柏拉图的早期对话中，他的老师被鲜活地描绘为一位投身于研究灵魂（psyche）健康和增进灵魂健康之实践的哲学创新者。苏格拉底最为著名的方法是在集市上通过对遇见的人进行反复的追问，来观察他们真心坚持的对于正义、勇气、节制、虔诚等的信念是否经得起推究。传统的观点不可避免地捉襟见肘，但苏格拉底式的追问也不得不以僵局收场。然而，这种通过苏格拉底式尖锐的诘问来考察生活的过程，建立起了一种有力的模式，以帮助我们诚实地审视如何过上良好生活这一问题。斯多葛派思想家承袭了这一模式。

　　苏格拉底式的实践融入了其人格形象，随着苏格拉底影响力的扩张，这种形象逐渐成为核心与主流。苏格拉底是自我节制的象征和典范。从柏拉图那里我们知道，苏格拉底能在不进食和不睡觉的情况下行走很长时间，他还能忍受寒冷，不论冬夏只穿一件单薄的外衣。在宴会上，他还能充分享受美食和美酒而从不吃撑或喝醉。[1]斯多葛思想家反思如何实现内在自由，经由苏格拉底的这些事迹，自我管理的理念开始具有重要地位。苏格拉底在多数描述中都不是个美男子，这一点同样也说明斯多葛主义关注内在。苏格拉底的外貌和举止都很古怪，尽管很难说扁塌的鼻子和硕大的鼻孔是他的过错，他却将上天赐予的皮囊养成了一副奇怪的模样。阿里斯托芬在他的作品《云》中这样讽刺苏格拉底：

> 你大模大样地走，斜着眼睛看，
> 赤着足，吃了不少苦，
> 却装得那样骄傲庄严。[2]

如果说，对很多同时代的雅典人而言，苏格拉底式的古怪外貌显得难以接受，而且令人不悦地否定了当时的日常生活规范，那么对接下来的几代人而言，他的外貌则启发了后世什么是真正的美——美是内在的而非外在的。传统善好之事的真正价值、与生俱来的运气和美貌，都受到了苏格拉底的挑战。

这一挑战也是苏格拉底式讽刺的核心。色诺芬在他的喜剧性的描绘中也戏谑了这种苏格拉底式讽刺。苏格拉底那仿佛陷入脸中的扁鼻子和宽大的鼻孔才是真正美的——不是在模特般流行之美的意义上，而是在"更为有效的通气孔"的典范的意义上。他的鼻孔因开孔宽大和不朝大地，能帮他"更好地捕捉"周遭的气息。同理，如果美不仅事关样貌而更事关功能，那么苏格拉底外突的双眼确实比大多数人的眼睛更为美丽，因为他能环视周遭而非仅仅径直向前看。苏格拉底的鼻眼结构简直无与伦比：扁平的鼻子没有在双眼之间成为障碍[3]，反而帮助眼睛获得了180度范围内无障碍的视觉。

苏格拉底式讽刺[4]在柏拉图那里是个更为微妙和严肃的话题。在柏拉图的《申辩篇》中苏格拉底就承认，虽然他是智慧的，他所拥有的知识实际上却是非常有限的。苏格拉底的这一观念也广为人知。柏拉图笔下的苏格拉底也用讽刺性的口吻说："我不认为我知道我所不知道的事情。[5]"对德尔斐神谕的著名解读——没人比苏格拉底更有智慧——促使苏格拉底开始诘问自己与他人所声称的知识。这种讽刺不是出于佯装的无知[6]，而是他真的认为自己没有真正的智慧，这种智慧正是像阿尔基比阿德斯（Alcibiades）和其他追随者少年急切地想从苏格拉底身上追寻的东西。

苏格拉底式讽刺内含一种翻转语义的哲学方法：无知变成了一种知识，丑陋变成了一种更高形式的美。这一点对斯多葛思想的遗产而言也十分重要。语词似乎保留了为人们日常所熟知的意思，其所指却已发生了改变。这一转换成为斯多葛学派哲学方法的一部分，他们开始重新审视经验以及我们对经验的评估。我们曾认为是善好的，可能是错误的善好（或至少不是那么好），其他的善好可能更加值得被冠以"善好"的名称。斯多葛式的训练很大程度上就是一种对态度和情绪的再教育，从而使经验能与这些新的评价方式相一致。此外，虽然苏格拉底承认他并非彻底的无知，但他仍然认为他或别人所拥有的知识不足以保证他们能过上理性和幸福的生活。

斯多葛学派并不从表面意义上看待苏格拉底的这种退让。大自然如此塑造我们[7]，一定使我们有能力获取幸福所必需的知识，哪怕只有凤毛麟角的圣人才能获取这般无误的知识。即使很多斯多葛学派思想家将苏格拉底视为典型的斯多葛式圣人，但这并不是因为他把无知认作智慧。

犬儒主义者第欧根尼是介于苏格拉底与斯多葛学派之间的关键人物。斯多葛学派喜欢宣扬一条能追溯到苏格拉底的传承链：苏格拉底教授了安提斯泰尼（Antisthenes），安提斯泰尼教授了第欧根尼，第欧根尼教授了克拉特斯（Crates），克拉特斯教授了芝诺。芝诺是斯多葛学派的首位领袖。[8]不过，在这些人中，继苏格拉底之后影响力最大的，同时也最富传奇色彩的，当属第欧根尼。在斯多葛学派描绘先贤的作品中，他经常与苏格拉底一起出现[9]，被视为准圣人。与苏格拉底一样，第欧根尼致力于一种只有最少需求的简单生活方式。不过他是个怪人，喜欢裸露自己。他粗鲁无理但朴素的禁欲主义生活方式，使他成为街头政治舞台的常客。当他无法获得一间小屋栖身时，他将一个陶桶作为自己的流浪之家，并把它放在雅典城市广场的中心位置。夏天，他将陶桶滚过灼热的沙地[10]；冬天，他紧抱冰冷的雕塑，以此使自己适应艰难困苦。遵从犬儒学派对穿着的规定，[11]他身上唯一的服装是一件斗篷，他可以将其叠起，使其充当铺盖卷；此外，还有一根手杖与一个行李袋，后者能携带他所有的财产。他在街上闲逛，以白天点灯寻找诚实的人而闻名。"破坏货币制度"是他标志性的口号，以此小来见"蔑视政治传统"之大。他是个反主流文化的人，是他那个时代的"雅皮士"(Yippie)①。他反对金钱的口号使人联想到艾比·霍夫曼(Abbie Hoffman)在1967年针对华尔街的著名行动——从纽约证券交易所的楼上向下投撒了数百张美金钞票,引得下方交易大厅中的交易员们蹿跳争抢,最终成功使交易大厅关闭。[12]

当被问及是哪里人时,第欧根尼的著名回答是"世界公民",这可能意指"他不在任何地方安家,除了在世界中"[13]。他不受城邦物理边界限制,是一个属于全世界的公民,因此,他是一个"世界公民"(Cosmopolitan),正是他创造了这个词。他唾弃婚姻传统,称其为权力与政治的勾当。[14]他与其他犬儒者一样,推崇男女通用的服装,在健身场所之外也大方地展示身体。[15]他谴责虚伪:虚伪的人坚称诚实的人比富有的人更优越,却又艳羡富人;虚伪的人为了自身健康而向神献祭,在筵席上却又如大胃王般狼吞虎咽。犬儒学派反对这种普遍的在婚姻、性别、着装、财产等方面使人退步的社会规范,这启发了斯多葛学派,他们主张道德权威不应根植于传统,而应遵从自然与理性秩序的观念。在斯多葛学派看来,内在的德性就是符合自然的德性。

第欧根尼妙语连珠的黑色幽默是为了使人明白,精神的

---

① 1967年底,艾比·霍夫曼等人在美国共同创立了"青年国际党"(Youth Internationalal Party),主张在政治和文化领域进行一场革命。"Yippie"指青年国际党的成员。——译者注

健康依赖内心的自由与对自我的掌控。对传记作家来说，他的机智巧辩简直是只会在美梦中出现的优秀素材。而在此，我们的传记作家第欧根尼·拉尔修①（Diogenes Laertius）如痴如醉地重新讲述了这些故事。之所以是重新讲述，则是因为他很可能是在大批量地抄引图书馆中的手稿；若不是因为他，这些手稿记载的历史肯定早已散佚。尽管如此，在没有其他传记作品支撑的情况下，第欧根尼·拉尔修的这些八卦故事还是内涵隽永、值得一读的，因此我们不得不关注他。他向我们讲述，一次犬儒者第欧根尼被当作奴隶公开叫卖，有人问他有什么技能，他毫不开玩笑地回答，他可以"统治人"，并提醒潜在的买主们注意，他们买到的可能是家庭的真正统治者。真正的掌控是内在的，不管你是奴隶还是奴隶主。他称那些"政治煽动家是人们的马屁精"[16]，他们误导大众，让人们相信只需一点点宗教仪式的净化就能洗去人们行为中的罪恶："难道你们不知道，用水可洗不掉行为中的错误[17]，就像洗不掉语法中的错误一样。"他把"一个无知愚昧的富人"称为"长着金羊毛的羊"。[18] 传说他曾被带到菲利普二世（Philip II）庭前，当被问及他是谁、为何被作为囚犯带至庭前时，第欧根尼毫无忌惮地当面回答国王，自称是"监督你无尽贪欲的间谍"。菲利普二世震撼于他的勇敢言

---

① 古希腊哲学家，编有古希腊哲学史料《名哲言行录》。——编者注

谈，释放了他。[19] 还有一次，在见到寺庙管理人员拖走一名偷碗的小偷时，他揶揄道："大贼们把小贼带走了。"[20]

第欧根尼居无定所，像一条狗一般"没有羞耻感"，因此他的绰号叫"犬儒者"（kunikos，意思是"像狗一样"）。他是"疯掉的苏格拉底"[21]，他是欢闹喜剧中令人讨厌的人。正如苏格拉底那牛虻刺人般的反诘，第欧根尼的戏谑讥讽也是为了刺激、震惊听众，使其质疑、反思日常的规范。

斯多葛学派几乎没人能继承第欧根尼滑稽古怪的衣钵，不过他思想中的本质内容（如质疑文化传统和习俗，适应环境与命运的变幻无常，在恶劣环境中通过对自我的掌控寻求幸福，做世界公民，翻转意义并用夸张或滑稽的方式强调等）都为斯多葛学派所继承。[22] 同时被继承的还有其对精神、身体进行高强度锻炼的思想——经过艰苦磨炼和坚定的努力，逐步获得力量与耐受力。[23] 有了这些武器，如第欧根尼所教导的，就"能干脆、彻底地战胜一切"[24]。斯多葛派放松了一些犬儒主义的严酷苦修，不过他们继续发扬了第欧根尼有关世界主义的思想，也发扬了他所认为的自我掌控要从属于全人类共同体这一思想。如亚里士多德所言，我们是社会性的动物。斯多葛学派没有放弃这种洞见，不过改变了阐述它的方式。

芝诺（Zeno，公元前334—前262年）是克拉特斯的学生，克拉特斯是第欧根尼的学生。芝诺是基蒂翁（Citium）

或塞浦路斯（Cyprus）人，正是他在雅典创立了斯多葛学派。芝诺主义者很快就被人称作斯多葛学派，这个名字来自雅典城市广场中心的斯多亚画廊（Stoa Poikilē，一种绘有图画或湿壁画的廊柱结构），学派的追随者们（"来自斯多亚的人"）——在那里集会，讨论哲学，接触芝诺当时正在建立的各种概念工具与术语。自苏格拉底时代以来，哲学就变成了公共事务，对哲学话题的讨论回响在散步场所、花园、体操场、城市广场等场景中。斯多葛学派延续了这种传统。

斯多葛学派不是唯一有过追随者的学派。当时亚里士多德在雅典的影响逐渐式微，亚里士多德本人在公元前343年前往马其顿教授亚历山大，也就是后来的亚历山大大帝。随着亚历山大对整个地中海地区的希腊化，以及崇尚一切希腊化事物热潮的出现，许多像芝诺一样的外国人前往雅典从事哲学或者开办商店。其他一些人（有些是希腊人，有些来自更遥远的海岸）也建立了各种学派，[25] 各自有其信条与忠实信徒，比如伊壁鸠鲁派（Epicureans），以及后来出现的怀疑主义（Skeptics，很大程度上是在与斯多葛学派及其"正统"教条较量）等。哲学在当时还是一种街头、民间的事物，不过它很快变得非常专业化、技术化，各学派只是在做狭隘的哲学，这在亚里士多德时代根本难以想象。在亚里士多德时代，他在吕克昂（Lyceum）学园所做的研究反映了他的身份——不仅是哲学家，还是一个海洋生物学家。他学识的广度以及他的学术能力都非常引人注目。

寻常读者一般更熟悉罗马时代的斯多葛学派人物，如爱比克泰德、马可·奥勒留或塞内卡的作品，而不怎么熟悉芝诺的作品，这无须惊讶。因为我们只能通过后世的编纂者、评注者笔下的片段来了解芝诺的作品。尽管如此，很幸运地，在与我们同时代的学者中出现了马尔科姆·斯科菲尔德（Malcom Schofield），他做了令人叹为观止、如侦探一般的工作——从各分散的资料中如拼图一般还原了一幅芝诺政治思想的图景——《理想国》（Republic）。[26] 在这篇论著中，芝诺为设立一个有关人与神的理想宇宙城邦奠定了基础，从各个方面批判性地回应了柏拉图的《理想国》。[27] 芝诺的政治思想融合了柏拉图理想城邦中有关集体性、社会性的主题，以及犬儒学派认为道德规范并不奠基于传统而是奠基于理性和自然的理性秩序这一信念。宇宙自身是这城邦的家——这城邦无须边界或城墙，并且由一种对人类"友善、慈爱、有好感"的神灵监管运行。[28] 政治权威不在于城邦国家自身，而在理性中——在宇宙的逻各斯（logos）中。

古代斯多葛学派宇宙城邦的理念时刻提醒着现代斯多葛学派。斯多葛学派的创始人将自律的理念与一个全世界社会化合作的系统紧紧捆绑在一起。这图景略显粗略，其核心理念是，宇宙理性将所有人团结在一起，我们必须培养建立一个基于理性，同时尊重拥有共通理性的社会共同体。我们是为了自身的强大才依赖这样的共同体。任何将自立原则与对这种社会共同体的归属相割离的斯多葛主义者，无疑都忽视了斯多葛教条中的这个核心元素。

幸运的是，我们无须在此从头至尾分析芝诺的《理想国》。不过此处要强调其中几个主题，比如要从整体而非独立的个体的角度来看问题；政治关注的不是各部分和各区域，而是神与人交织共存的整个世界。它们为后世的一些作家所继承，其中有像马可·奥勒留这样的政治领袖，还有像伊曼努尔·康德（Immanuel Kant）这样的道德理论家。我们如今每个人身上深刻的社会性对古人来讲也不是什么新鲜的话题。亚里士多德有过著名的论述，说我们从本性上是社会性与政治性的动物[29]。斯多葛学派的出发点既不是将共同体限制在碰巧成为我们邻居的那些人之内，也不是实践理性的优越性及其对人类本性的影响。神是在我们的共同体之内的。

芝诺并不如第欧根尼一般古怪反常。不过他的传记，通过第欧根尼·拉尔修的复述，也有一些富有喜剧性的篇章。显然，在神谕告知芝诺达成最好生活的方式在于"表现得像已故之人那样"①后，芝诺就明确知晓自己命中注定要学习哲学。[30]一个学生特别多话，据说芝诺对他说他的耳朵滑下来融入舌头了；另一个学生否认圣人可以坠入爱河，芝诺就对

---

① "take on the complexion of the dead"，芝诺将其解读为呈现出先哲的思想，进而促使他转向了对哲学著作的学习。——译者注

他说如果他当真这么想,他将是最倒霉的年轻人[31]。秘诀在于,无论是当时还是现在的教育,都要求有一点儿能娱乐听众的智慧。

芝诺系统化了哲学中的三大领域:逻辑学、物理学、伦理学,这三部分后来成为希腊斯多葛学派思想的核心。[32] 伦理学是我们的关注点,根据古人的理解,伦理学讨论的是:如何以卓越的德性或品质为核心,过一种幸福的生活。

对所有古代人而言,德性都由我们的认知能力,尤其是我们的实践理性的完美来引导。在一篇有创见的文章中,芝诺给出了自己对情感的认知基础的论述,堪称哲学史上对这一问题最复杂、最富先见之明的论述之一。尽管当时流行的观点视斯多葛主义为一种死板的哲学思想,认为它要将情感从人类的经验中删去,但是芝诺从来没说过人要摒弃一切情感,而是要设法控制那些使人衰弱的,引向无法控制的欲望、恐惧或沮丧的情感。人们震惊、敬畏于斯多葛学派对情感的控制,但这种印象很多都源自后来的罗马斯多葛学派作家,尤其是爱比克泰德。尽管芝诺更多的是一个理论学家而非实践者,在他描绘特定情感时,我们还是能通过他具体的描述了解这些情感:悲伤是一种"能压垮我们的沉重";厌烦可能伴生一种"被囚禁"的感觉,这种感觉是一种情感上的"狭窄",使事物很难通过我们或使我们很难通过它们的一些外在压迫物或阻碍;沮丧是一种来自过度"反刍"的感觉；干扰渲染了悲伤，其方式是歪曲判断，并"阻止我们用平衡的方式看清事物的整体"[33]。这些情感鲜活易感，描述它们的斯多葛哲学家似乎知道这些情感给人的感受。关于情感还有很多要说的，比如它们是什么以及如何规范它们。不过，要理解芝诺的思想，部分来说就是去理解一个这样的哲学家，他知道德性与情感是如何紧密地联系在一起的，他也知道我们因此需要一个精妙的理论来解释和管理情感——这一德性训练的软肋。

芝诺留下的思想遗产中，很重要的一点是其改善了苏格拉底关于德性是幸福的充分条件的观点。对斯多葛学派而言，这意味着所有其他的善好都是"中立之物"，不过如芝诺所言，这并不代表其他善好在我们的实际生活中无关紧要，只不过它们不是幸福的真正构成部分，智慧地选择或拒绝它们是"遵从自然生活"的重要事项。要诠释这句神秘的话，就应聚焦于自然法则与其在人类治理中的地位，这也成为后世许多代人的重要议题。

克里安西斯（Cleanthes，公元前 331—前 232 年），来自阿索斯（Assos，位于今土耳其西部），是芝诺在斯多亚的同事，同时也继承了芝诺在斯多葛学派的衣钵。显然，他不是脑筋最灵活的。据第欧根尼·拉尔修的记述，他更多是因体力而非脑力闻名。他青年时曾是拳击手，到雅典后一贫如洗，只得白天学习哲学，晚上接班从当地的水井汲水。他壮得像头牛,同侪们坚称"单靠他自己就能把芝诺举起来"[34],借此嘲笑他的智力,但他却能直面这种讥讽。他的著述如今所剩无几,不过他留存下来的著作的论题牵涉伦理学中范围很广的一些主题,后来这些主题逐渐成为斯多葛学派思想的核心——论什么是适当的,论冲动,论感激,论嫉妒、爱、荣誉、审慎,等等,这些只是其中的一部分。在学园任职期间,他的突出思想被斯多亚第三位,也是最后一位领袖的光芒所掩盖。

第欧根尼·拉尔修写道,"论勤勉",克利西波斯"超越众人"[35]。而且,来自索利(Soli,在南安纳托利亚)的克利西波斯在才华与创造力上也是鹤立鸡群。斯多葛学派思想对多数西方哲学思想都有重大影响,他和芝诺是最大的功臣。他著作颇丰(我们能找到705个书名),内容涵盖逻辑与谬误,日常语言中的混淆与错误,对德性的伦理学研究,品质状态、愉悦不是最终的幸福,等等。在《反对修改画作》(Against the Touching up of Paintings)一文中,他甚至涉及了对艺术的讨论。他很早就训练长跑,毅力与耐力也是他理性的特点之一。对很多人来说,所谓早期斯多葛主义指的就是克利西波斯的哲学。西塞罗对斯多葛学派论情感与终极善的阐释,处处投射着克利西波斯的身影,而且后者的论述充满活力和机巧。

希腊时期斯多葛学派的作品如今只剩下一些残篇,这与罗马时代斯多葛学派作品的境遇大相径庭。无论是在文艺复兴、启蒙运动，还是在当今斯多葛学派的复兴运动中，正是罗马时代斯多葛学派留存下来的这些卷帙浩繁的作品，在历史长河中得到不断研读，甚至在某种程度上不断复兴、不断参与欧洲理性传统的形成。斯多葛学派对难以控制的情感进行的一些消极的论述，如今已被包装进了现代思想的深处。[36]

将希腊斯多葛派的思想传到罗马世界，真是多亏了**西塞罗**（**Cicero**，公元前106—前43年）。尽管他自己不是斯多葛主义者，但他对斯多葛派的很多观点持赞成与同情的态度。他费心劳力地将斯多葛思想体系中至关重要却晦涩难懂的一些希腊术语翻译成易懂的拉丁文，并且致力于使斯多葛主义和广义的希腊哲学被普通的非希腊语读者理解与接受。很多人知晓他的政治生活：虽然出身平常，却出乎意料地在元老院中迅速飞黄腾达，年仅43岁就当选执政官。他是罗马时代著名的演说家、军事领袖，是庞培（Pompey）的亲密盟友。在政治生涯的尽头，也即在恺撒（Caesar）遇刺、他尚未被安东尼（Antony）及后三头同盟的另外两位杀害的那段逃亡时光里，他将主要精力投入哲学写作。在其挚爱的女儿图利娅因难产去世后，他的哲学写作变得极为个人化。在极度的悲伤中，他转向了斯多葛派。不过，我们后面就会看到，在《图斯库路姆论辩集》（*Tusculan Disputations*）中，他既接受其思想滋养也同其论争。他的著作《论道德目的》(*On Moral Ends*)与《论义务》(*On Duties*)中陈述的斯多葛学派立场，成了后世欧洲政治思想中不可或缺的一部分。[37]

小塞内卡（公元前3—公元65年），也即我们多数人所熟知的那位塞内卡，出自一个显赫的家族，自幼就接受专门的教育，以期将来踏足政界。塞内卡年轻时体弱多病，多次受结核病发作的折磨，这也导致他还未成年便尝试自尽；塞内卡在年轻时就深刻领悟了挫折和恢复。塞内卡的父亲是著名的修辞学教师，因此塞内卡小时候就接受修辞学与哲学的训练，并且成为斯多葛主义者阿塔罗斯（Attalus）的得意门生。部分是因为西塞罗的关系，哲学在当时的罗马上层政治生活中已获得了显要的关注，甚至与政治学一样受人推崇。不过很多人将哲学与政治混为一谈了，尤其将斯多葛主义与政府职位关联起来，全然不顾斯多葛主义继承自犬儒主义的那些严苛的禁欲教条，与当时罗马帝国的腐朽现实有多么格格不入。欲求与克制欲求的这种张力，在塞内卡的人生与写作中是经常出现的主题——不管是有关蘑菇和牡蛎，还是有关愤怒与饮酒，或是有关权力和与人打交道。[38]尤其对手握权力的人而言，罗马时代的生活尤其需要控制激情。

塞内卡在很多层面上将是本书充满缺陷的主角。他是现代斯多葛主义重要的理论来源，我们应当更多地研读他所著的篇章。他的论述细节丰富、微言大义，尽管其中有伪善的部分。虽然他写过的精练的语句没有爱比克泰德多,但他是一位写作大师,修辞技巧令人目眩神迷。他还是一个复杂且混沌的世界中难得的有道德抱负的人,他呼吁在大环境中人要追求自足与自由。诚然,他也是个讲求实际的哲学家,很清楚政治与权力的那摊水有多浑浊。他作为尼禄的导师、政治顾问和讲稿作者,在激流中遨游。16岁的少年皇帝尼禄无意复制卡利古拉(Caligula)的统治,不过当王朝延续受到威胁时他一点儿也没有退缩。塞内卡认为他能帮忙控制尼禄的荒淫残暴。不过如历史所现,他最终不是很成功。

这里补充一点历史细节就足够了。塞内卡是因尼禄的母亲——阿格里皮娜(Agrippina)的邀请才进入宫廷,当时她因塞内卡是整个帝国中在修辞学与公共演讲方面享有盛誉的人而聘其为尼禄的导师。她做了他的赞助人,将他从在科西嘉岛的流放生涯中解救出来(公元41年);其夫克劳狄乌斯(Claudius)在8年前曾判处塞内卡在此地流放,罪名是他与克劳狄乌斯的侄女尤利娅·里维拉(Julia Livilla)通奸。阿格里皮娜的动机是通过塞内卡在文字功夫上的影响力帮尼禄取得皇位。塞内卡本人的动机是让尼禄掌权,即使这很快就要求把失势的皇母扫地出门。皇宫中处处是阴谋,塞内卡则潜伏在暗处。克劳狄乌斯的亲生子布里坦尼库斯(Britannicus)被毒杀了,当时他刚成年,意欲夺取王位;塞内卡作为宫廷高层,很有可能知晓这些阴谋。尽管阿格里皮娜是帮他进宫的恩人,在尼禄谋杀了她之后,塞内卡在一次公开演讲中为尼禄的行为做了辩护,对阿格里皮娜仅表现出了微不足道的感激,据记载似乎许多人对他这种言行并不满意。[39] 善恶到头终有报,历史总会不断循环,尽管尼禄的怒火在有些场合中被克制住了,但可远远不能说得到了很好的控制。塞内卡肯定很早就觉察到了巨大的人身威胁,他晚年多次提出要退出政治舞台,他当时的作品［收录在《书信集》(*Letters*)中］也表现出他的这种隐忧;最终,他因身体原因以及权力世界的变幻无常成功退休。公元 65 年,尼禄命令塞内卡自杀,罪名是他参与了意图暗杀皇帝的皮索阴谋(Pisonian plot)。

这则迷你传记提醒我们,当塞内卡谈及温厚、悲伤、怒气、忠诚,或者反对物质主义之恶的时候,他可不是一个在道德与政治领域毫无经验的幼稚者在纸上谈兵。他十分清楚财富与权力的吸引力,也清楚在一位永远在监视他人、复仇心重的暴君的注视下试图逃避权力与财富所能带来的危险。他勇敢执笔、坚定自己久经训练的斯多葛立场,一半是为了使自己在面对权力时能压制住恐惧,一半是为了激发出一些更加纯净的东西。正如他自己常说的,他的写作从不是从圣人的视角出发的,而是以一个道德医生的视角出发来审视的;这位医生自己一度也是一个病人,曾经也需要斯多葛派的良药来治愈。他非常著名的方法是在夜间冥想,意图使自己镇静，同时实现对自己的道德劝诫。不过他的目光有时也会转向外界，他的手指有时点向那些可能污蔑自己所崇之道的粗野之众。[40] 他出身于外省的骑士阶层家庭，并且不像其他的罗马斯多葛主义者，他从来不曾远离尼禄的核心集团。一旦踏入其中，就不可能出去。他自杀的结局与其说是被迫的，不如说是自己的选择。这么来看，塞内卡不可能像爱比克泰德那样写作；爱比克泰德曾是奴隶，后得解放，终生处于权力的殿堂之外，一生清贫，没有任何凭借精琢文字以赢取名声的野心。简单来说，塞内卡是一位实用主义者，在政治的战场上拼杀过，承受着政治带来的荣耀与毁谤，因此呼唤个人层面的道德进步，具有希望能重塑荣耀的观念。[41] 了解了这些，我们至少可以开始阅读本书中摘引的他的一些道德文章、信件以及悲剧了。对当今这个饱受政治困扰的动荡时代而言，他的著述是十分重要的。

谈及罗马时代的哲学家，**穆索尼乌斯·鲁弗斯**（**Musonius Rufus**，公元30—101或102年）之名常常被忽略。他是一名罗马议员，也是斯多葛主义者，在罗马城中多次讲学。这种忽视是值得惋惜的，因为他是最常被引用的斯多葛学者爱比克泰德的老师，并且穆索尼乌斯本人的著述也是罗马时代斯多葛派思想的重要记录。他在近期一直被忽视，也许部分原因是他的著作的片段没能被收入一个完整的选集。[42] 不过他在古代可是个知名人物，基督教神学家奥利金（Origen）

曾将他作为道德典范，与苏格拉底相提并论。史学家塔西佗（Tacitus）描述穆索尼乌斯的信徒是坚定又严肃的一大群人，其中还有不少公职人员与政治家；按照一位学者于1896年所写，这些人"在尼禄时代朝野的狂野骚动下静待其时"，在等待更好的政治时代来临。[43]通过转向斯多葛派的教导来寻求安宁，可能也是开给我们这个时代的良方。当然，如果通过他们的声音与影响力能更好地促进公共事务的进步，那真的再好不过。穆索尼乌斯也希望能与政治家合作。至于那些并非政治家的信徒，他们信奉斯多葛主义是出于对自身灵魂健康的担忧，爱比克泰德就是其中一员。[44]

穆索尼乌斯写了大量更适宜现代斯多葛派研读的篇章，比如"儿子和女儿该接受一样的教育吗？"以及"女人也该从事哲学"。他在女性平权问题上对柏拉图《理想国》的继承是有迹可循的。在他业已轶失的作品"论男人与女人有同样的卓越性（或德性）的事实"中，他的主题似乎紧随着克里安西斯。[45]尽管他的女性主义思想有时让步于当时的罗马习俗，但他追求一种对所有人而言都一样的幸福生活，这毫无疑问是带有斯多葛派特色的。

爱比克泰德（Epictetus，公元50—130年）曾被抓作奴隶；他来自安纳托利亚一个说希腊语的省份——弗里吉亚（Phrygia）。他被一个富有的自由人——尼禄的秘书以巴弗提（Epaphroditus）买去，后被赐予自由。他在做奴隶时，就在罗马师从穆索尼乌斯·鲁弗斯学习哲学；一得自由，就在希腊西部亚得里亚海的尼科波利斯（Nicopolis）建立了自己的学派。爱比克泰德可能有意模仿苏格拉底，他像苏格拉底一样口头讲述自己的哲学，且其听众主要是18—23岁的青年。我们是通过他的学生阿里安（Arrian）详尽记录的课程内容认识爱比克泰德的。这些课程内容后来被整理成《论说集》（*The Discourse*，现仅存原8卷中的4卷），以及更流行的小册子——《师门述闻》（*Encheiridion*，或 *The Handbook*）。这些著作都不正式，并且是用爱比克泰德日常授课的希腊语写就的。[46]

身为罗马奴隶的痛苦经历渗透在爱比克泰德的著述中。他是个残疾人，有人说这是疾病所致，也有人说这是在被奴役中挨打的后遗症。即使是个自由人，他也选择苦修般的生活，家当仅有一块小板子、一张芦苇席。曾经被奴役的过往在爱比克泰德的思想中留下了不可磨灭的印记：真正的自由是即使身陷囹圄也能维持的内在自由。他也许不是个饱受苦难折磨的斯多葛主义者，但身体的痛楚与所遭受的逆境确实指引了他。

他的作品如此受大众欢迎，原因之一是其中充满了表达简洁而含义隽永同时又便于引用的格言警句，他还常使用精彩的夸张等修辞。尽管他是一名大众作家，但他的观点深深扎根于早期斯多葛派系统的原则与论证。[47]爱比克泰德采取这种"震慑战术",部分是为了惊醒他的目标听众——站在成人世界边界上的年轻人,他们常常沉溺于物质享乐,或者惧怕损失与厄运。他的这种风格意在引人关注的同时进行劝诫,并给出训练自律的有效方法。诚然,他的作品中往往充满了最坏场景预设下的心灵训练测试——在一种糟糕的情形下某人要怎么做。设想艰苦环境下的行为,就是在为现实生活进行预演。这是一种模拟训练,这些训练与测试十分艰难,赢得他的赞许也很艰难。他在这方面从他的老师鲁弗斯那里吸取了教训。爱比克泰德说:"取得软弱的年轻人的关注很不容易,因为你没法用钩子抓住柔软的奶酪;不过对那些有天赋的年轻人来说,即使你把他们赶走,他们也会牢牢地坚守理性。"鲁弗斯多数情况下就在赶他们走,不过那些有天赋的人可不那么容易被打发。[48]要弟子们有纪律,就须测试他们的决心与毅力。

历史总爱开些玩笑,贵为罗马皇帝,**马可·奥勒留**(121—180年)向一位罗马奴隶,也即爱比克泰德,寻求启迪。流传于世的《沉思录》(*The Meditations*)本质上只不过是一些(以希腊语写就的)日记条目,写出来的只是"自我的反思",从未想要用于教学或传播。这些不过是在日耳曼战役时,奥勒留驻扎在多瑙河边(170—174年),在漫长的一天结束后草草记下的一些散漫的遐想与沉思。《沉思录》包含多个层面的摘要,表现了一个君王如何独自斟酌,其中充满了悲悯的提醒：提醒自己假如失去权力与名声该如何应对，如何远离金钱财宝的引诱，如何在简朴中寻得适足。每天白天部队集结时，很可能都会推出来一尊他的巨大金雕像，可在晚间，他需要提醒自己这些事情的虚妄。他从不淡化权力与节欲之间的冲突，这是塞内卡的风格。尽管身居高位，奥勒留总是将自己放在谦卑祈求的位置上，他深谙赫拉克利特的流变理论（得到的总会失去），也深知我们与其他人和神灵因存在共通的普遍理性而紧密相连。

在现代大众化的斯多葛主义中，奥勒留是男子气概与自立原则的理想典型，其形象被塑造为纪念碑式的骑马雕像[49]，常出现在各种斯多葛派的网站与书籍封面。不过，奥勒留可不是什么孤胆骑侠，他也不希望我们朝那个方向去努力。如我前面说的，对他这种战场形象的想象更加强调了对社会联系的需要以及孤立的危险。离开他人，我们也将是不完整的，我们都是一个整体中相互依赖的部分。在大疫情时代，他的这种全球关联的观点让人觉得前所未有的中肯。他的这种相互依赖的观点反映了斯多葛主义一贯的信条——人类与宇宙、自然是亲密盟友，是同一整体中的一部分。[50]我们是同一共同体的成员，这个共同体统一起所有人，统一起更好的自己，或者说诸神；我们人生的完善就是要践行这种合作。

亚历山德里亚的斐洛（Philo of Alexandria，约公元前

15—约公元50年）也是斯多葛群英谱中不太经常被提及的角色。不过，他的工作展现了通过希腊斯多葛派的思想诠释《旧约》的尝试。斐洛借用了斯多葛派对分层的情感体验的论述，来解释为何按照他对《旧约·创世记》的解读，撒拉（Sarah）近乎圣人，在上帝告诉她将在90岁高龄怀孕生子时，她可以快乐地笑出来。如果笑容是一种情感干扰，那么作为一个近乎圣人的人，撒拉应当可以更好地控制住它。斐洛说在某种程度上她确实控制住了：因为她仅"在内心中笑了出来"。可以说，这是一种紧张的笑。当她把持住它，她就已经"充满了喜悦与神性的欢乐"。同理，对亚伯拉罕，当他前往撒拉的墓前哀悼流泪时，他在陷入无法控制的悲痛前及时地把持住了自己。[51]他**正准备**哭泣，不过在开始前**把持住**了自己。如此这般，通过用斯多葛派的方式解读《旧约·创世记》，斐洛教导人们如何控制与管理情感。前情感状态（pre-emotions）可以被"扼杀在摇篮里"[52]，不须使其彻底生长成寻常的情感。而且寻常的情感能成为更有教养的、善好的、有德性的情感状态，从而适合于圣人，或者在当前的例子中适合于《圣经》中的男女贤者。

斐洛还援引了其他古代文献，其中包括亚里士多德的《尼各马可伦理学》（*Nicomachean Ethics*）。其中，斐洛对社会本性的看法与亚里士多德的极为相似："自然并非把人类塑造成茕然独立的野兽那样，而是塑造成一种高度社会化的动物，像聚集在一起的群居动物那样，他不仅为自己而活，也为了他的父母、兄弟、妻子、儿女、其他亲属、朋友、公民同胞、部落成员、国家、同种族的人以及所有人……而活。"只在文章的最后，斐洛写了一句典型的斯多葛式的论述——社会联系的边界超出城邦，而通向全人类。[53]

斯多葛派对基督教有过重大的影响。像斐洛一样，早期基督教也通过斯多葛派关于前情感状态的观点来思考如何控制情感和远离诱惑。为了满足一种全新的宗教表达，他们通过一些变化与改造，再模糊与混淆一些概念，从而把斯多葛派讲的前情感状态转化为你自己犯的错，并进一步推进说"坏想法"伴随着如眼泪、肩膀紧张得发抖、战栗、流汗等身体性的情感唤起。如此，他们就可以考虑中级程度的罪恶了。[54]基督教同样有这样的观点，认为坏天使或恶魔可以诱导身体的激动，从而引向诱惑。[55]

过了很久，荷兰人文主义者、神学家**伊拉斯谟**（**Erasmus**，1466—1536）通过写作《基督教骑士手册》（*Enchiridion of a Christian Knight*）复兴了爱比克泰德创作一本手册的理念。这本手册写于15与16世纪之交，它的目标读者是普通民众；它指导伊拉斯谟本人，来为针对土耳其人的战争培养骑士。作为一本要被带上战场的手册，它不得不"更倾向于训诫……而不是教育""不用充满威胁的书信体诗文的形式"，而是要用"仅以寥寥数言"来清楚地展示"生存的方式"。

传播宗教的真理信条是骑士战争的目的或"原因",而伊拉斯谟说战争"行为"取决于彰显骑士精神的行为。他告诉读者,如果这些有关骑士精神的教导简洁而有力,那么它们可能留存更久。话虽如此,他的手册虽短,但几乎没有爱比克泰德的那种影响力度。尽管如此,手册中的很多原则还是斯多葛式的,尤其在认为不期而至的前情感状态或"第一情感"并不会对一名智慧的武士构成困难方面:一名"有完美智慧的人应当没有"寻常的"情感",即使他还有那些作为感觉印象而来的"第一情感",他可能会体验到它们,但不会因其而行动。[56]圣人的例子是为了给所有阶层的武士设立标准。对情感的控制(无论是像伊拉斯谟时代那样通过骑士守则表现出来的,还是像当今时代仅存在于军事理论中的)都永远是战争行为的重要因素。它同样在政治行为中至关重要。[57]我们在后面会看到。

斯多葛主义对后世欧洲道德与政治思想的整体影响实在太过广泛与深刻,此处不可能完全总结出来。斯多葛派,尤其是罗马时代的斯多葛派,被一代代自认受过教育的人阅读、重读,正式或随意地引用。

自然法传统,尤其在基督教中,直到16与17世纪格劳秀斯(Grotius)和普芬多夫(Pufendorf)创作的世俗作品,都要归功于斯多葛主义。

17世纪中叶的**蒙田**(**Montaigne**)撷取众多古代思想,

尤其是斯多葛主义，来劝诫大众忍受艰辛与贫苦，进而培养必要的德性"来抵抗痛苦"。"是我们的观点赋予了事物价值"，而非事物自身。他的文字明显有向斯多葛派致敬的意味。蒙田是一位知识广博的作家，他对斯多葛派的拥护最多是个含混的大杂烩。他迎合斯多葛派的观点，认为"罪恶都是一样的"，尽管其种类各异。不过他又坚持说饮酒不应该被列进罪行表里。可能这宗罪是为德国人准备的吧，毕竟"他们对所有种类的葡萄酒都高高兴兴地痛饮，几乎分辨不出其中的不同"。法国人的味蕾这么复杂，为什么要放弃饮用葡萄酒呢？他总结道，如果饮酒是一种罪恶，那么它也"比其他的那些罪恶更不具危害，那些都更直接地有害于公共社会"。对蒙田来说，无论斯多葛主义究竟包含什么思想，它至少都不是彻底的禁欲主义。[58]

在与波希米亚公主伊丽莎白（Princess Elizabeth of Bohemia）的通信中，**勒内·笛卡儿**（**Réne Descartes**，1596—1650年）通过塞内卡的文字来描绘斯多葛式圣人与幸福生活的图景。他建议公主要培养"坚定持久的决心，从而不受激情与欲望干扰，执行理智给出的命令"。他认为阻碍幸福达成的是"欲望、后悔与遗憾"。不过，笛卡儿也调整了斯多葛派的信条以使其适应一些现代原则，他通过全新的阐释表示，信仰与基督教也必须在考量范围内，而不单是"自然理性"。他还开创了著名的现代怀疑论："我们的理性并不必然地免于谬误";然而,能验证其决心的良知,以及"最好的判断"就可使我们免于谬误。[59] 在此,斯多葛主义通过这样一个模型推进了现代性,其中人类的可错性代替了绝不会犯错的智慧,因而要听从一个一神论式的上帝的指导。

斯多葛派认为道德律令与我们理性的本性不可分割的思想火种,毫无疑问是在**伊曼努尔·康德**(**Immanuel Kant**,1724—1804 年)这里得到了最富原创性、革命性的发扬。他的观点的革命性在于,我们道德的基石不再是自然或上帝的指导,而是**自发**的人类理性。当然,认为全人类有相通的普遍理性这一观点毫无疑问还是斯多葛式的。康德的著名观点认为所有人都应受到尊重,因为他们有共同的人性,在"目的王国或领域中",人性就是目的本身;这一观点直接继承于斯多葛派,后者认为在宇宙视域下的道德与政治序列中存在共通的人性。[60]

同很多现代人一样,康德继承了斯多葛派的观点,即认为情感是过度的、很难控制的(用康德的话说是"病理学的"),因此让情感作为道德的起点是不可靠的。康德的标志性主题之一就是根据义务而非情感来行动。不过这过度简化了康德对情感在道德中的作用的看法。他说,无论是在用同情心识别他人的需要时,还是在帮扶他人而呈现善良形象时,情感能帮我们"做义务自身所不能"做的事情。情感是一件"使德性显著的衣服",因此我们有道德责任使情感成为义务的盟友。[61] 康德说，有些情感更易受理性的影响，它们是"实践情感"。这与斯多葛派所称通过完全的德性培养出的"善好情感"惊人的相似。

话虽如此，斯多葛派认为所有情感都是认知性的这一观点，康德从不接受；相反，他强烈反对。不过现代学者中并不是只有他一个人将欲望与情感同理性分离开来。历史上斯多葛派有关情感的观点一直都不是主流，因此我们更有理由转向斯多葛派的文本来考察情感如何是知性的，以及为何可以是知性的。

斯多葛派的遗产显然并不是到了康德与理性启蒙时代（Rational Enlightenment）就终结了。如前文所说，它一直延续到爱默生以及美国总统[62]。杰斐逊（Jefferson）读罗马斯多葛主义者的作品，华盛顿（Washington）也不例外。即使没读过那些作品的，也被同化了。古代斯多葛派的德性在那时就很流行，现在也一样。

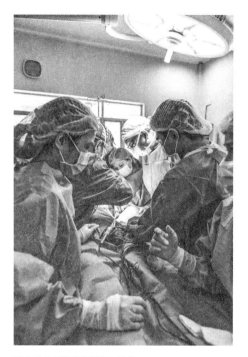

正在给患者治疗的医生和护士

阿尔特·范奥斯滕,
阿讷默伊登的"火神",荷兰

第 3 课

寻求平静：
疫情时代的斯多葛主义

我此刻写作时，正在经历一场肆虐的全球大流行，我们被围困了。疫情何时结束，我们很难预测。不过对我来说有一件事很确定：是时候检验斯多葛主义的全部承诺了。新冠病毒将我们带入世界性的战争，敌人看不见摸不着，而我们几乎手无寸铁。我此前已经作为非参战人员写作与战争有关的作品30多年了。然而这一次战争，我们每个人都在和敌人作战。我们在这场战争中同舟共济，处在犬儒学派与斯多葛派预言过的那种全球共同体中。我们正在拼接一幅更大的拼图，其中包含自我防护与社交行为、开明的领导与透明的信息、资本市场、旅行、供应链等问题，以及至关重要的病毒检测和治疗，还有全速研制有效、安全的疫苗，并公平分配这些疫苗。我们渴望看到成果，然而日复一日，我们也需要能缓解焦虑的办法。我们担心接触到病毒，想知道如何走出孤独；也担心医疗工作者与其他奋战在一线的人员易被感染；担心医院的承载力是有限的；担心没有足够好用的自救设备。我们直面生命的脆弱，多数人此前从没有过这样的经历。在这个当下，即使不成为一名斯多葛主义者，至少也可以聪明地使用斯多葛派留下的方法。

我们尽一切可能去做准备。美国国立卫生研究院（National Institutes of Health）[1]的首席传染病医师安东尼·福奇（Anthony Fauci）给公众的信息是：我们的准备必须有战略性。福奇操着一口直爽的布鲁克林口音，他非常擅长沟通与表达。与爱比克泰德不同，福奇知道必须用引人注意的语句向普通民众进行传达："在面对传染病时，大家都约定俗成地爱打一些比方。冰球运动员韦恩·格雷茨基（Wayne Gretzsky），并不是冰球在哪儿他就去哪儿，而是冰球将要到哪里他就赶去哪里。我们呢？也要赶到感染将要暴发的地方，同时也要前往已经存在感染的地方。"[2]也就是说，我们现在要面向未来行动。我们要有前瞻性地行动，而不能仅仅被动地回应。我们要先发制人。

"预演""先发制人"，学会如何"提前思考"[3]，把将来要面对的邪恶生动地想象为就发生在眼前，这些都是斯多葛派缓解焦虑的关键法门。了解你**将要**面对的敌人，不打无准备之仗。把这些方法用来抗击新冠病毒：进行预先模拟，理解疫情的潜在变化曲线，进而留意各种危险的预兆。特朗普政府的卫生与公众服务部（Department of Health and Human Services）其实曾在 2019 年 1—8 月进行了这种预先模拟，行动代号为"赤红传染"（Crimson Contagion）。然而没人留意种种危险预兆。[4] 用斯多葛派的话说，确实进行了广泛而高层次的预演，然而掌权的人没有重视它们。最终结果就是我们无论从个人还是从系统层面都没能做好准备。

全球大流行是一场巨大的危机。很难以如此大的规模先发制人，也很难维持一个长期有效的国际合作。尽管如此，我们从中得到了教训：生存是整个共同体通力合作所要达成的目标。话虽如此，在斯多葛主义的宝藏中，吸引普罗大众，尤其吸引互联网社区的是有关自足性的教导。爱比克泰德有过这样一句流行的建议："没错，我的鼻子在流鼻涕。那你的手是干什么的……不是用来擦你的鼻子的吗？"爱比克泰德表面上的意思是说：别抱怨。有些人将解读的重点放在自立性上[5]：注意擦干净你自己的鼻子，别指望别人来替你擦。许多人将这种观点进一步普遍化为一种含义明确的、多用途的斯多葛派主题。

不过，在任何一种真诚的概念范式中，所谓人类的自足性都是有关联性的，都在各种层面上依赖于他人的协助，然而我们经常不认可他人的帮助，我们也没有适当地尊重他们应有的尊严[6]。交互性的概念深深扎根于斯多葛学派的思想里，同样深深扎根的还有自立性这一主题。马可·奥勒留如此说过："天生具有理性的生命，构成一个合作的集体；一旦分离成个体，就像一个个独立的身体器官。如果你向自己说如下这句话，你就会更明白其中的奥妙：'我是理性存在者构成系统中的一员。'[7]"加利福尼亚州州长加文·纽瑟姆（Gavin Newsom），在其早期对所有州民的"准备好庇护所"命令中给出了一条明确的信息，其中不仅表现出了奥勒留的这种情怀，也引用了奥勒留的话："像我们这样大的政权，一个民族国家，是由许多部分构成的，然而到头来，我们都是一体。其中有共通互助，有对我们相互依存性的认同……"[8]他接着说道，"我们有扎根在社会性中的道德义务。"

  本章课程的内容是斯多葛派缓解焦虑的技巧。不过，斯多葛派坚称我们在社会中相互依存，这将作为背景或者前景一直贯彻其中。我们通过一个"共同的纽带""交织在一起""没有任何一个是他者的异类"，[9]奥勒留如此描述，回应了芝诺对宇宙城邦的设想。我们准备面对现在与未来，这依赖于自身的意志，也依赖于他人一起参与合作、良好沟通、协同努力的意志。

更稳固的幸福

斯多葛派认为社会具有联结性,也认为脆弱性来自我们自身德性之外的事物,但是这两个观点很难相吻合。斯多葛派的愿景是通过稳固、可靠的品质将幸福稳定下来,这也是斯多葛派伟大的智识先驱亚里士多德的目标。不过亚里士多德坚称仅拥有好的品质还不足以达成幸福,除此之外,我们还需要资源、机会、方法和朋友,以此在世界中实践德性。否则,如亚里士多德所说,就会与余生消极地"睡着"相容,终身"伴随着最大的痛苦与不幸"。[10] 然而,如果幸福是一种有德性的**行动**,并且因此依赖无论从其实践还是其前景来说都完全外在于自身能掌控的东西——运气、身后的子女、好的政治领导,其他种种——那么亚里士多德本人也承认,"你将最伟大与最完善的幸福托付给运气",而那可是"糟糕的安排"[11]。尽管如此,如果否认常识,坚称即使身受酷刑,或者如普里阿摩斯(Priam)在特洛伊战争中痛失13个儿子仍可幸福而且幸福不会损失一星半点,无疑是过分的[12]。因此,亚里士多德的立场似乎不大稳固。幸福包括内在与外在的善好。不过如何在美好的生活中安排它们,以便那些你无法控制的事物不会破坏你的幸福,这个问题一直没有完全解决。亚里士多德认为这个问题永远没法得到正式的解决。"决定取决于感知。"[13] 我们"辨查具体情况",然后具体情况具体分析。我们"多数情况下"顺其自然。他说,在伦理学理论中寻找像"数学家的证明"中一样的精确度是很"愚蠢"的。

不过斯多葛派没有停止寻求更多的准确性与明丽的线条[14]。至少,他们要让有德性的人获得幸福与宁静,并且为他们的进步之路提供指导。如果这需要创造新概念与新术语,那也无妨。如果最终的目的是宁静,那么冗杂繁复的工序也不会是障碍。

斯多葛派接着论述,外在的善好与德性在范畴上不属于同一种。实际上,它们就不是真正的善好。在此,斯多葛派倾向于同意苏格拉底声称的德性自身就是幸福的充分必要条件。斯多葛派教导我们,拥有诸如健康、充足且稳定的收入、好朋友与家庭、开明的政治机构与共同体、社会声望与尊严等事物,还不能达成幸福。斯多葛派也承认常识,说我们作为人类一般而言自然地受常识的吸引。人们"偏好"常识,而常识的反面则自然地就"不被偏好"。[15] 不过斯多葛派坚称常识的出现或缺席不会影响幸福。它们不仅仅是外在的东西,它们还是"中立之物",不对幸福产生任何积极或消极的影响。问题在于,就像我们后面会见到的,它们在我们的生活中发挥着实质性的作用。的确,德性也涉及如何智慧地选择或拒绝这些常识。

这种观点很具挑战性，在古代和现代都是这样。不过要铭记一个关键："中立之物"（adiaphora）不代表我们"漠不关心"。无论是根据生来就有还是从小接受的教养，我们都不会对这些或好或坏的常识漠不关心，我们也不该让自己这样。不过，学着遵循斯多葛之道生活需要基础性的价值观重构。尤其是，我们要在行为中而不仅在认知上领会到，偏好或不偏好这些或好或坏的常识时，我们并不是一定要对以无尽的渴求或者惊慌的逃避。因此斯多葛派不仅仅是有一套独特的评价体系，以此来评价我们可能会简单地称其为内在与外在善好的东西。他们还琢磨出了一种独特的方法和回避行为来涵养宁静——我们追求事物时，不要带着死缠烂打与贪得无厌的态度；我们拒绝事物时，不要带着惊恐的逃避感或紧张的恐惧感。学会如何培养这些新态度是斯多葛派训练中的一环。努力稳固这些新价值框架本身就是斯多葛式的生活。[16]因此尽管圣人像是距我们太过遥远的榜样，但圣人通过减少控制外在事物的策略而成了圣人。[17]而这些策略，这些斯多葛派的教诲，值得我们所有人采纳。

"有些事情……取决于我们"：对感觉印象的认同

尽管如此，我们该怎么面对生活的忧虑，怎么面对子女早夭的恐惧，怎么面对大流行及其造成的比战争还多的伤亡所引发的担忧呢？按照斯多葛派的自控戒律，我们该去控制什么，又该放开什么？

斯多葛派的自控始于严格划清心理官能与外在事物之间的界限。爱比克泰德《手册》的开篇很出名："世间有些东西取决于我们，而有些则并非如此。[18] 取决于我们的是我们判断、动机、欲望与逃避的官能——简单来说，所有我们自身的所作所为；而不取决于我们的则是我们的身体与财产、声誉及政治地位——简言之，所有不是我们自身所作所为的东西。"我们中的许多人也许会立即反对这种区分方法。即使我们不能完全避免疾病、贫苦、羞辱、失去仕途或公职，我们中的许多人在某些时候还是能做些工作来保护健康、财产等。爱比克泰德承认这一点，不过他说，在某个时刻，即使对那些最富特权、最幸运的人来说，一切的防护与努力也会难敌天灾或人祸。这是爱比克泰德的核心观点：我们都以这样或那样的方式受运气的摆布。

那好吧。我们就承认这一点吧。不过我们还是会反对他，并且认为控制外在与控制内在之间没法划出清晰的界限。内在的都是脆弱的，我们判断的能力可能会因大脑损伤或衰老而受损，我们欲求的可能不是我们想要欲求的，我们可能有一些根植于心理学病症的病理学恐惧症，这些恐惧是我们本不希望有的。同理，还有一些认识上的偏见。我们的看法可能受一些潜在偏见的影响，我们的判断因此可能与其说是"我们自己的所作所为"，不如说是出于特权立场与手段。这无疑是关于心理与知识的现代看法。与之相对，斯多葛派的看法是极度的唯意志论。他们声称意志力的范围是可以扩张的，意志力能给人力量：通过努力与选择我们可以将目光转向内在，去监控顽固的注意力。从现代斯多葛派的视角来看，这些就可能包括处理认知或认识上的偏见。我将在后面探索如何将之付诸实际应用。

根据斯多葛派的观点，控制的核心在于对感觉印象（事物通过内在与外在的感官呈现给我们的样子）的接收。接收是这样一种机制，我们默默地"赞同"或"拒绝"外部输入。它是对判断、动机、欲望及厌恶的基础控制。因此我们将感知到的冒犯作为令人沮丧的邪恶事物来接收，将疾病作为一种让人害怕的威胁来接收，将财富作为一种让人渴求的善好之物来接收。其中每一个都是评价性判断——将外部输入作为好的或坏的来接收。对情感（比如愤怒与恐惧）的评价性判断是，它们都是"有力量的"；它们在情绪上影响我们，并且（通过"冲动"或 hormai）驱使我们行动，它们是有关动机的。Hormē 是英文单词"荷尔蒙"的词源，它像某种有机质一样，可以刺激产生行动。不过它是通过心灵的中介达成的。

塞内卡解释道："愤怒无疑是通过感知到错误的印象而被调动起来的。"[19] 不过愤怒是紧随印象产生，且其产生不涉及心灵的任何参与，还是它的调动需要心灵的接收活动？我们的观点是，它并不独自运作，而仅在心灵的首肯下行动。"情感因此是一种自愿行动。[20] 通过接收活动，我们潜在地通过命题把握与构造世界，进而根据由此产生的意见与判断行事。情感涉及主体能动性。

爱比克泰德坚称主体能动性与责任相伴而生："不是事物自身困扰人们，[21] 困扰人们的是他们关于事物的看法……因此每当我们沮丧或受困扰或痛苦时，请不要归咎于任何人，而只归咎于自身，亦即我们自己的看法。"这种理念是基于直觉的。我们在最基础的感知层面是根深蒂固地依赖习惯进行解读的人：以看见一枚硬币为例，在我们只看见它的二维样貌时，我们总还是当它有三维深度的。我们带着各种有色眼镜来对世界进行整理、塑造、建构、范畴化，当我们用范畴来理解善和恶时，也是这样。我们总是从一个哲学家们所谓的"认识论观点"[22] 出发去看待和评估事物。

如前所述，我们选择这些观点时并不总是自由的。[23] 我们如何看待事物，可能是他人强加的结果，有时这种强加是无形的——"隐藏的说客"[24]，不管是通过广告公司的广告，还是通过败坏大选的"社交网络机器人"（social bots）。我们如何看待或解读情境，还可以是系统性、无孔不入的统治形式的结果。因此，一名被强奸的女性的强烈羞耻感，可能是她内化的别人的意见。父权统治与耻感文化源远流长、无孔不入。内心世界可以是一种社会化的构建，它并不总是自由与祥和的光明之地。不过，当外界不给其他选择的余地时，它还可以是退避修养的地方。尽管是通过心理上的间离，不过受害人还是在内心中找到了安全感。被迫服从或深陷囚禁时，我们却能将意志推向极限。

爱比克泰德的立场是：被奴役与身陷囹圄的人仍能寻找到内在的自由。美国海军高级战俘詹姆斯·斯托克代尔在其长达7年的囚徒生涯中正是受此激励，爱比克泰德的《手册》就是他的救星。我和斯托克代尔见过很多次面，也曾多次聊起他所忍受的折磨。他向我展示出了在极端的困难环境中如何像斯多葛思想家一样活着[25]。

爱比克泰德被剥夺了政治权利。如果对他来说还有什么自由可言的话，那这自由一定是内在的。这就是他在政治方面的现状，或者说至少是他早年间的成长环境。他的斯多葛主义思想也正是对这种处境的回应。爱比克泰德的情况与其他斯多葛哲学家不同。塞内卡是一个出类拔萃的官员，他在政治上拥有权力和力量，作为尼禄的"大臣"，他身居精英核心圈中，却并不总能得到公众的偏爱，想想克劳狄乌斯（Claudius）当政时他在科西嘉岛约8年的流放生涯吧。在尼禄手下时，他就深知主动退隐所要付出的代价[26]。从政府公职中退出需要（公共的和私人的）正当理由，而且正当理由不能是以下这种：将理论研究变为自成一类的公共活动，并以此服务于共同利益。[27]

塞内卡的许多作品中都有他关于隐退的思考，在我们这个时代，公职人员因厄运或政权倾覆而选择或被迫选择退休时，塞内卡的思想就可以成为良好的指南。在《论闲暇》（On Leisure）一文中，塞内卡试图将自己的观点向斯多葛主义正统芝诺的观点靠拢：鉴于伊壁鸠鲁派学说，"明智的人不会搅进公共事务，除非事出紧急"。芝诺则说，他会参与公共事务，除非有什么东西阻挠他。例外情况是某些特殊情形，塞内卡补充道，比如"一个腐败堕落到无可救药"或者"完全被恶统治的国家"[28]。塞内卡从公共服务事业中退出时，尼禄的统治与这句话提及的情形就已十分接近了；而尼禄所下达的赐死命令则紧随其后到了塞内卡那里。

塞内卡向我们清晰地展示了围绕在个人控制力和忍耐力周围的系统性限制。在同一篇文章中，他还强调道："障碍不在做事的人那里，而在要做的事情那里。"[29]我们生活在地方性和世界性的共同体中。通过外部的权力和政府，我们在地方性的共同体中工作，直到我们无力工作为止。接收感觉印象本身在给予我们自由方面是有限度的。我们能将这个限度推到相对远的地方，但在此之外，我们还是会为获取信息的机会、隐性的偏见以及我们理智层面的好奇心和反叛欲所限制。[30] 即使我们没有患上痴呆症或神经性心理障碍，精神控制也会遇到阻碍。但斯多葛学派仍然有更具前景的工具来赋予我们更强大的力量。这即是说，我们需要斯多葛式的劝导和训诫来将这些边界向远处推动，无论边界是内部的还是外部的。

以感觉印象的接收作为出发点，接下来我们开始讨论其他特殊的斯多葛式自我控制技巧，以及我们如何在生活中应用这些技巧。

身体训练与精神磨炼

最近，因为游泳太多，肩部韧带撕裂情况恶化，我常在理疗台上做康复训练。当我用一个哑铃做着无聊的30×3肩部外展运动时，我的理疗师克里斯（Chris）询问了我的职业。"我是个哲学家，我在写一本关于斯多葛主义的书。"我答道。他的脸上立刻现出了光芒，现在我完全引起他的注意了。克里斯体型优美、体格健壮，他自己训练刻苦，同时也负责训练像我这样的人和严格的运动员们。克里斯告诉我他已经在听蒂姆·费里斯（Tim Ferriss）关于斯多葛主义的播客了，他也阅读了瑞安·霍利迪（Ryan Holiday）所写的关于斯多葛主义的书。在上下班的通勤途中，他还试着收听马可·奥勒留的《沉思录》。不过这本书写的并不是一段扣人心弦的故事。"里面是不是有许多不连贯的片段？""对。"他答道，"内容太跳跃了。"所以他最终还是去听关于斯多葛主义的播客了。他被这种哲学深深地吸引了。当我问他原因时，我才清楚这与他刻苦的练习和训练有关。他教授和训练别人如何增强力量或在遭遇伤病时怎样尽快恢复力量。对他而言，将对力量和稳定性的训练转移至另一竞技场意义重大。他告诉我，"成年"机体的自然"磨损和撕扯"加上不断的过度使用，导致了我肩部的伤痛。而从心理学上讲，我们每天都面临着"磨损和撕扯"的折磨。我们的心灵正如我们的身体一样，需要健康的训练来缓解伤痛带来的冲击并且治愈由此造成的创伤。克里斯和我面临着同样的事情。

爱比克泰德将身体练习当作精神训练的模型："那些锻炼身体的人们所采用的任何方法，对那些想要针对欲望和厌恶进行训练的人来说同样有价值。"随后他还提醒道，拥有强健的身体或心灵不是为了别人的崇拜："如果他们的目标仅仅是炫耀，那么这标志着一个人转向外在，追求其他外在的东西，寻求旁人'多么伟大的人啊'的欢呼。"[31] 训练的目的是追求磨炼，而不是寻求他人的奉承。训练既有助于塑造品格，也是努力为抱负奋斗的标志。

预演逆境

更广为人知的寻求宁静的斯多葛式训练是对未来的不幸或逆境进行预演。我们对横亘前方的困境进行预估，是为了不至于被打个措手不及。这种训练可以追溯到早期希腊人那里。西塞罗心怀赞许地引用欧里庇得斯（Euripides）的残篇：

> 我从智慧的人那里获知：
> 随着时间的流逝
> 我在心中思量着将至的苦难：
> 终将降临的死亡，或是那凄惨的
> 流亡，亦或是其他疾病的重压
> 我事先预演，
> 因此如果碰巧它们中的一种将发生，我就不会
> 毫无准备，不会立即在痛苦中垮掉。[32]

他说，欧里庇得斯借鉴了前苏格拉底时期的阿那克萨哥拉（Anaxagoras）的做法。据说阿那克萨哥拉在他儿子去世时说："我知道我的孩子终有一死。"斯多葛学派将这个教谕转化成了沉思前的训练：要经常预演未来潜在的困境以缓解意外和悲剧带来的打击[33]。

在我为本科生开设的斯多葛伦理学课程中，每次我提到阿那克萨哥拉的言论，我的学生们都对他的预言感到害怕。他们感到难以置信，觉得这既冷酷又无情。学生们无法相信，如果这就是斯多葛主义教导。我居然期待他们将如何认真对待这样的学说，就好像我当场告诉他们，他们的父母不爱他们或者想要随时抛弃他们。要想让斯多葛式的预言具有吸引力，就需要对理论做出不少的让步，我就是这样做的。我首先点出这样一个事实：斯多葛学派是在惊恐和敬畏中前行的，爱比克泰德尤甚。他成功了，而我认为，这一启示的要点是相当人道的：我们不应与"人固有一死"这个事实背道而驰。但要想不与这一事实相背离则需要花些工夫，这需要每日的预演和对潜在的损失进行真正的思考。斯多葛学派宣称，如果我们做到了这一点，那么我们就能削弱一部分突如其来的损失所带来的"陌生感"。这里的"陌生"所对应的希腊词很有说服力——prosphatos 并不意味着时间上的接近，而是意味着"未经加工的"，就像刚屠宰出来的肉那样[34]。如果我们想要减弱在面临不幸时所遭受的直抵内心的陌生冲击，我们就需要提前将它们揭露出来。也许诀窍不仅仅在于这句咒语般的话："我向来都知道我的孩子固有一死。"未雨绸缪（dwelling in advance）[35]可能需要专注于想象力[36]，但也需要一些幽默与爱。

当我的母亲比阿特丽斯·舍曼（Beatrice Sherman）已年过九旬并住在养老院时，我经常考虑我们该如何谈论死亡。她当时还算健康，但是我不仅知道她剩余的生命时光已经不多，而且我还非常了解她——她想极力避免谈论死亡。即使在她情况最好的时候，她也不是个健谈的人。当我问她关于一本书的问题时（她每周都读三到四篇小说），如果能从她嘴里听到"那还行"的回答，那么我就是幸运的。"还行"是她对问题的标准回答。她不是个怨天尤人的人，却陷入对死亡的抗拒。因此，我决定拿死亡开开玩笑。当我们谈到她有多喜欢希伯来养老院（Hebrew Home）以及她的护工和朋友时，我时常问她："妈妈，请提醒我一下，我们并没有加入永生计划，不是吗？因为如果我们加入了，那会十分昂贵！"她莞尔一笑，非常美丽，随后她又轻轻地笑出了声。当然，她从没说过"我向来知道我终有一死"这样的话，不过，她肯定想到过这一点。她不会谈论死亡，谈论死亡不是她的风格。但我认为我们反复进行的小预演和我们关于永生计划的玩笑都使她在最后的时光更为轻松。我们共同面临着必死的命运，也共享着面对死亡的勇气。

在我们一起跳舞仅三天后，我的母亲就离开了人世。她坐在轮椅上，我在养老院的"舞池"里带着她跟其他"伴侣们"一起翩翩起舞。一周前她就已经咳嗽得厉害，我们都知道她大限将至了。抗生素已经不起作用了，护士们也在密切观察着她的情况。在她的病房里，我们共同度过了最后的日子，一起面对死亡。我们关于永生计划的异想天开的小玩笑就是一种准备，她在为离开这个世界做准备，而我在为说再见做准备，用我母亲的话说，一切都"还行"。

正如我所暗示的，预演是提前面对的一种方式[37]，也是预先的脱敏行为。如果事情最终没有发生，那么我们可以视之为一次赏赐。但对死亡来说，问题只在于它何时降临。

在当代临床实践中，也有和预演概念类似的东西。有些读者可能对针对事故后脱敏的暴露治疗术更为熟悉。一段时间以来，临床医学家已经成功地使用以循证医学为基础的延时暴露（prolonged exposure，即 PE）疗法在事故发生后缓解创伤后应激障碍（PTSD）。持续照射是认知行为治疗（cognitive behavioral therapy，即 CBT，本就植根于斯多葛主义）[38]的一种形式，在认知行为治疗期间，患者会遭遇那些让他们回想起引发创伤时的处境或事情，不过这次他们是在安全的环境下体验的。通过重复而非逃避的方法，恐惧反应未被放大，而是得到了消除。[39]我们来看看暴露于简易爆炸装置的持续威胁下的士兵的例子。他们的生存取决于对这些威胁做出迅速反应。但伴随恐惧的反应会使反应过激。在家时雷声被听成了炮火声，人行道上的新的隆起物被认作新安置的炸弹地点，草坪上的黑色塑料袋被认成爆炸物的隐藏之处……高度警觉对作战区而言是合适的，在战后却并不总是如此。通过谈论应激源，通过在虚拟环境中体验它们以及在具有信任和安全的关系中让那些记忆再次暴露于刺激下，再次暴露于压力源成了一种既能消除逃避反应也能消除过度应激的方法。草坪上"中性"的垃圾袋或者邻家马路上新的隆起物随着时间的流逝失去了与之伴随的负面性质。

在新近的研究中，研究者开始研究预处理过程中的暴露问题。"注意力倾向"[40]（将这一概念映射到斯多葛的语汇中，就是我们接收感觉印象的模式）的调节是通过平衡威胁和中性刺激之间的关注点来进行的。这个想法就在于学会转移注意力，从而我们就能拓展感知和认知资源，不只专注于威胁，也专注于中性的情境。研究表明，这类在有威胁刺激源和无威胁刺激源之间进行转移的事先训练，减弱了创伤后应激障碍令人焦虑的过度警觉的特征。在一个与此有关的研究实验中，以色列国防部队中可能面临潜在的创伤事件的战斗士兵体验了"注意力倾向矫正训练"课程[41]。通过电脑程序，他们接受了专注于威胁的训练，"以尝试加强对潜在创伤事件的认知性处理"。换句话说，训练的目的是使其对压力源的反应变得灵活而具有适应性:在战斗中面对极具威胁性的情况时,可以提升反应的敏捷度,但这种敏捷度是暂时的,在安全的环境中会逐渐减弱。

同样,我们可以用斯多葛派的语汇来表达它:进行事先的训练,通过主张接收平静和安全印象的其他模式,来克制对威胁印象的不合适的接收。当然,斯多葛主义判定何者为合适、何者为不合适的标准并不会与大多数人的标准相一致。在我们解释关于中立之物的理论以及什么是聪明的选择时要记住,魔鬼隐藏在细节中。但是一般的斯多葛理念——对我们在情境中所专注的事物进行预防性暴露和训练——是有先见之明的。

斯多葛学派随后主张,预演可以减少痛苦(或像西塞罗说的那样,猝不及防的痛苦以及"本可以阻止"[42]已发生事情的痛苦)的复合效应。当然,"事后诸葛亮"是一种"一厢情愿"(magical thinking)①——这种倾向在事后会使我们高估预知结果的能力。"本就应该"和"本就能够"可能为冠冕堂皇的错误归责打开大门。有时,这些也是应对悲痛和幸存者愧疚的方式,就像我在与从伊拉克和阿富汗回来的服役士兵一起工作时所了解到的那样。为了理解看似无意义的事物,我们有担负道德责任的倾向。[43]在服役士兵

---

① 心理学术语。相信自己的观念、思想、行动、言辞或对符号的使用可以影响客观世界中事件的进程。——编者注

的例子里,许多人将责任归咎于失败的道德行为,而非运气。道德创伤[44]来自一种极端的道德痛苦,后者由真正的或明显的违反道德的行为造成。担当责任会使人变得紧张和苦恼,道德担当却并不总是令人不安。许多做准备的方式和为做准备而负责的方式并不都是不理智的和使人过度紧张的,善良的人会依照这些方式来行事,并照料好自己和他人,这一点符合斯多葛学派在个人和社会层面认真做好准备的观念。

尽管如此,如果斯多葛式的预演把注意力放在负面而非正面的事情上,它就可能引发焦虑。减轻未来的悲痛是以增加当下的悲痛为代价的。我们反复琢磨可能出现的最坏情形,想象我们面对噩耗该如何反应,我们的心神被不幸和损失牢牢占据。早在战斗之前我们就已经切换到了作战模式。但同样,未雨绸缪的方式也有好坏之分。战略思维、风险分析、长期规划以及协调合作都是减轻不幸和降低失败的方法,这些方法能帮我们减少个人恐惧或抑郁的情绪叠加。这并不是危言耸听,而是真实地做好准备。

预测自然灾难或医学灾难是由公共机构管理的集体事业,但预测个人损失并非如此。我们中的每个人面对心理、社会、政治、历史因素和其他事物都会表现出不同程度的韧性。

爱比克泰德主张通过逐渐增加风险来训练应对个人不

测的能力：逐渐从预演潜在的小烦恼过渡到预演重大困扰。"面对所有对你有吸引力、有其用处的或你喜爱的事物，要记得告诉自己它是什么样的，要从最微不足道的东西那里开始。"他建议我们从水壶开始，"如果你喜欢一个水壶，就对自己说'我喜欢这个水壶'，然后，若它被打碎了你就不会为它所困扰。"如果它只是语词层面的咒语——不论是被说出的还是默念的，那么这个建议将毫无意义。让我们尝试把这个训练充实起来，我们给自己事前警告。就像我最近做的那样，我对我的丈夫说："我真的太喜欢这个理查德·巴特哈姆（Richard Batterham）的带沟纹的大青瓷罐了。如果我们中的任何一个人把它打碎了我都会十分伤心。"而那虽未被言明，但我是在提示"我们都得小心"。并且这有可能引出一段对话，它同样既是心照不宣又是已被言明的，这对话所关乎的是，如果它被打碎了那是不是世界末日就来临了。"它就是用来使用的。""现在把面包储存在这个瓷罐里就是使用它的完美方法。""我们会十分小心的。""如果我们不用它那为什么要买它呢？""打碎了就是打碎了。"大概此类事情就是爱比克泰德建议我们预先演练的。然而这一切在爱比克泰德的体系中进展得都太快了，但我们并没有与他的其他追随者一起围坐在讲述现场分析和解读他的思想，我们是在两千多年后的今天才做这件事的。我们在努力想象对不幸的预演的同时，也在重新调整我们的价值观，思考什么才是重要的。我们在努力测试，自己在什么程度上是斯多葛主义者。

爱比克泰德随后拓宽了实践领域。"如果你出去沐浴，想象一下在浴池里会发生什么——那里的人向你泼水，或挤你，或粗鲁地说话，或偷你的东西。"[45]请提示自己你可能会预料到什么。这个例子再一次击中了问题的要害。在冬夏季节，我总会考虑在每天晚些时候去Y地室外游泳，冬天我还会在游泳后去热水浴缸或桑拿房使身体重获温暖。然而更衣室里经常挤满了从游泳队训练归来的少年，他们时不时地尖叫。他们今天是否在那里呢？今天是不是他们的练习日呢？我来的时间对吗？如果他们在那里，那么这就不是我在艰难的一天结束时所期待的情形。但现在，如果我听从爱比克泰德的意见，他就会告诉我"如果一开始"我就告诉自己"我想要沐浴，但我也想使我的意志与自然保持和谐"，这就是说，为了与其他事物同步发展，那我就不太可能"为了正在发生的事情而气恼"。[46]这很有道理，我会给自己事先的提示，我会有备而来。如果游泳队的少年们在高声地说笑闲聊，虽然这并不是我一开始期待的情形，但我也许能更从容地调整期望值。

爱比克泰德随后从小事推进到我们生活中最紧迫的事情。人们熟悉的逸事也得到了这样的美化："当你亲吻你的孩子或妻子时，你其实是在亲吻一个人类。那么当他们中的一个死去时，你就不会被困扰。"[47]

但是等等！这一步跨越得过大了：仅仅以浴室里一群不守规矩的人作为中间步骤，就从一个打碎的罐子过渡到所爱者丧生。预演也许给予了你看待必死命运的角度，但若认为它能免除悲痛，那就既是斯多葛主义最糟糕的一面，也是在心理上不可靠的处理不幸的方式。

有没有使之人性化的方式呢？接下来所说的方式可能会有帮助，尽管它并没有使以上观点变得温和。斯多葛式的心理准备包括努力去应对个人可能面临的严峻考验，而且只要我们对事情的发展轨迹有了更全面的认识，我们就知道将要面对什么考验了。对未来的一些场景和对这些场景的反应（如果这件事竟发生了，那么我就……），现在的我们可能觉得简直令人反感。我们这样来解释爱比克泰德的这句话："克利西波斯所言不虚，'只要未来对我而言是不确定的，我就总是专注在那些能更容易与自然相合的事物'上；因为神让我倾向于选择它们。"所以，如果我知晓我终将得病，"那我就有得病的冲动"。同理，如果我的脚有灵魂，那么它"就会有粘上泥泞的冲动"。[48]这就解释了那些不被青睐的平庸之物也许在另一个语境下就会得到青睐并且是合适之选。"既然预料到将要发生的事情，那么追随那些就自然而言更适于选择的东西就更为恰当。"[49]当然，在不知道自然全部的秘密以及在什么时候它们会以何种方式向我们显现的情况下，我们就不知道什么是"顺其自然"。但我们能做的是，将自己训练得更具适应力并且为最糟糕的情况做好准备，即使我们对最好的情形怀有期待。

新冠疫情同样是个显著的例子。在流行病专家和政策小组的指导下，经济学家和医疗研究者都采取措施时刻准备着，他们教导公众去设想那些看起来不可思议的事情，同时也为个人和情感上的损失做好准备。要了解那些随灾难而来的心态——焦虑、恐惧、巨大的懊悔和悲痛、孤独、混乱以及关于未来的空虚感，也要知晓安慰和支持的来源。我们绝无办法对心理上的痛苦免疫，我们也不想这样。而且，任何宣称具有彻底保护性作用的防御方式都是欺诈，是徒劳的。但我们仍然能从斯多葛学派的教导中习得管理悲痛和最小化悲痛的方法——既有个人层面上的，也有公共机构层面上的。而实行预演就是该方法的核心：努力让那遥远和几乎难以想象的困难变得真实而切近。然后构想在这些困难的情形中做出最好的反应——向前的道路在哪儿？向前的道路是使这一理论更为人性化的方式，并且在我们所处的时代为之赋予新的内容。

有没有其他斯多葛式的技巧来缓解情感上的痛苦呢？

防御与保留

除了预演之外，斯多葛学派还教导我们，在构思计划和意图时，要在精神上做好准备，事情很可能不会按照我们希望的那样发展。他们建议使用这样的技巧：在意图中添加一些你喜爱的中立之物，使之成为一片安静的保留地（"如果碰巧没有受到阻止的话"）。我们可以将之理解为一种对冲的赌注。也许事情最终不会如你所愿，但你总是要将所希求的东西设想为暂时不确定的。

接下来是塞内卡对心理技巧的说明。对自己说："**除非**有什么事情横加阻挠，否则我就会扬帆起航。""我会成为执政官（一种罗马地方官员），**除非**有什么事阻挠它发生[50]。""我的生意会成功，**除非**有什么事情妨碍它。"[51]爱比克泰德提到了一个相似的想法，给聆听者提供了有效的方法，帮助他们调整对中立之物的态度：人非圣贤，那些"取决于我们自身且适于追求的东西"现在并没有呈现在你面前。"要利用冲动和反感，但是要轻巧且有保留地以一种放松的方式。"[52]爱比克泰德的想法十分精练，且是以斯多葛式的语汇呈现的，其要点如下：人非圣贤，我们还没有稳定的途径获得美好或高尚的欲望（对唯一高尚的善，即美德的欲望）。然而我们所拥有的及任我们处置的是那些朝向中立之物的冲动（和反感）。以"节约"的方式利用这些冲动，可以避免过度和紧张，也可以避免过度渴望所带来的痛苦和落荒而逃所带来的煎熬。精神保留法和谨慎使用公共浴室的人所具有的想法类似：那里可能很吵。但要重新调整你的期待，你实际得到的也许不是你最初所期待的。公元前 1 世纪晚期的斯多葛思想家阿里乌斯·狄迪莫斯（Arius Didymus）从古老的斯多亚时期学者那里援引了一个相似的观点："他们还说，在杰出的人所遇到的事情中，不会发生不符合他的欲求或冲动的事情，因为他在做所有这些事情时都有保留，[53] 而且不会有意料之外的厄运降临到他身上。"

此处的建议是什么呢？我们是否应当使冲动符合我们的要求，以避免它们出故障？在这种新思考中，使冲动带有缓冲装置——有点儿像在事故中经撞击而充气膨胀的汽车安全气囊。确切表达的话，冲动能在你最需要的时候帮忙增强心理免疫机制。即使不是在逻辑上，人们在心理上也会觉得，这太过理想，以至于不太可能是真的[54]。

一个更好的理解保留的方式是基于金融贸易模型来观察。我们中多数人都对市场招股说明书中的标准口号很熟悉："历史表现不作为将来结果的保证。"这个警告是说不要凭借该投资过去表现良好，就预设它在未来一定有可观的收益。市场变化万千，而我们对此要有良好的适应能力。但同样，那些在过去表现不好的投资也许在未来还有机会。不论如何，我们都必须灵活处置，不追求做市场投机者，而是定期调整以达成资产合理配置的目标。

这实际上是个实用的方法，能帮我们理解斯多葛核心文本中对精神保留的论述。斯多葛学派的思想家当然不是财务顾问。（如果有什么区别的话，那就是他们的犬儒主义根源使他们对财富总持怀疑态度。想想第欧根尼的犬儒主义格言就知道了："破坏货币制度。"）金融类比的要点则在于，我们所掌握的关于这个世界的信息连同我们对其最出色的分析都是瞬息万变的。而冲动也应当改变，并且应该根据千变万化的看待世界的方式而有不同反应。所以回到塞内卡的例子：我会继续乘船起航，不过如果我发现风暴即将到来，我就会改变计划（以及我的动机或想将其实现的冲动）；我计划竞选罗马的一位执政官，但是如果我的竞选看起来希望渺茫，我就会改变计划。诸如此类。在圣人的例子中，他们能对新信息做出迅速的反应。这是一个高度理想化的情况：圣人的冲动与当下的知识图景紧密相关。圣人并不认可未来（被期待的）的偶然性。[55]他基于实时更新的信念保持着实时更新的冲动。简而言之，圣人不为过去或希望所困。动机往往随认知上的改变而变，而认知上的灵活性确保了动机和冲动的不断改进。

塞内卡以此展开了关于精神保留背后观念的论述。他的论述捕捉到了前面理想化的推理线索,但也做出了一些关键的补充:"这就是我们说意料之外的事情不会发生在智者身上的理由——我们并没有将智者从意外中解救出来,而是将他从人类固有的愚钝中解放出来……我们也应当增强自己的适应能力,以免我们太过依赖已制订的计划……"他还强调了最后一点:"没有改变的能力和没有忍受的能力"都是"内心宁静的敌人"[56]。

第一个要注意的要点在于,圣人并非不会遭受"意外"或不幸的伤害,而是免受人为的错误的伤害。这是因为圣人之知与事实保持一致——是从那些外在于认识者的客观之物的意义上来说。正是在这个意义上,事情并不"与他所设想的背道而驰"。这并不是说圣人要缓和所有抵抗失望或失败的冲动,而是说圣人改变了其冲动来与当下的事实保持一致。我们这些容易犯错的人并不幸运:我们的知识并不总是先于意外事件。但随后,塞内卡将圣人向我们普通人的水平稍稍拉近了一些,认为圣人有可能因为不得不放弃计划和欲求而感到困扰。所以在这里可以获知,圣人的情感投入实际上可能导致痛苦。但如果没有事先对成功的结局有所承诺(也即,如果存在精神保留),且主体具有适应能力,那么所遭受的痛苦(dolorem)就会"更轻"。即便我们会时常犯错,即便我们所投入的情绪往往会超过明智的程度,这仍然是对所有人都有益的建议。

总的来说，这是一系列能为我们这个时代带来启迪的有益教导。如果说精神保留背后的要点在于认知灵活性、直面事实、努力追踪变动的信息图景，那么这里斯多葛学派就是在主张根据最新的可靠信息来调整动机，而不是主张战胜挫折。战胜挫折也许是间接达成的意外成就，为了达成目标所付出的努力却是认知上的。当然，正如我们所说，斯多葛学派理想化了这一模型。圣人是地位甚高的认知者，确实也是很少犯错的认知者，他无须担心自己会接收具有误导性和诱惑的感觉印象，抑或当疾病或满身泥泞不可避免的时候过分执着于健康或清洁。此外，他似乎也无须担心自己无意识地接收感觉印象的方式（在不受监视或不受意志控制的情况下）。尽管如此，对不断变化的世界做出反应这一一般理念，连同预演的练习，对在不安时刻努力寻求宁静而言都是富有警醒意义的教导。

就像弓箭手

通过类比射箭，[57]斯多葛派还有一种教导我们接受不确定结果的方式。在射出一支箭时，"任务"是射中目标，而"目标"或"目的""是尽自己一切能力来射中""尽己所能地完成任务"。因此有两种取向：一个是任务（与偏好的结果有关），另一个是总体的目的或目标（与奋勇努力有关）。就过一种良善的、道德上高尚的生活而言，在具体行动上"错失了目标"是与实现卓越或德性的总体目的相容的。换句话说，德性在于努力奋斗，在于尽一切可能过好的生活；糟糕的运气和意外会破坏我们的任务与偏好的结果，但不会破坏我们总体的卓越或德性的目的。这是两种不同的价值：一种是那些中立之物或偏好，另一种是德性或善。

可能很多人会说，这是斯多葛派严厉的一面。当我们作为医疗工作者拯救生命、从火场拯救无辜群众、拯救儿童免于意外等善好行为被糟糕的运气与意外破坏时，难道我们不会为此感到沮丧吗？即使悲剧性的结果不会动摇我们的判断与努力，难道它们不也是会使我们紧张，甚至在极为严重的时候不也会动摇我们认为已尽了全力的信心吗？难道这种沮丧不是一种好事，表示我们关心并且参与了周遭世界吗？

我们考虑一下如下案例来检验斯多葛式的思想直觉。在 2019 年秋天，我在阿姆斯特丹的神经创伤中心（Psychotrauma Center in Amsterdam）做了一场有关心灵创伤的主旨发言，在场听众有临床医师、消防员、警察、资深急救员以及人道主义工作者等。

消防员阿尔特·范奥斯滕（Aart van Oosten）向我们讲述了他在一个圣诞夜被迫做出的令人痛心的选择。[58]当时他正在与家人节日聚餐,突然接到电话要他去领导一个救援行动,地点在面积狭小却建筑密集的荷兰小镇阿讷默伊登(Arnemuiden)。一家中国餐馆的楼上公寓起火,老板的 4 名子女被困。家长站在建筑外,看着火焰从上层窗口呼啸而出,震惊得不知如何是好。3 名消防员已先行抵达,尝试营救儿童,然而火势太大,他们的救援行动无功而返,情况急转直下。在阿尔特到达现场时,问题已经不是如何救这 4 名儿童了,而是是否还该救他们。30 多年的救援经验告诉他这次行动已经失败。若继续尝试营救,不仅儿童救不出来,消防员也可能无法从救援中生还。他心情十分沉重,将消息告知了同事与陪伴家长的一名警察。

阿尔特当晚回家时,他的妻子通过实时新闻广播知晓了援救任务已取消。她既担心丈夫的安全,也担心他的职业前程——在这之前已经因一起致命的火灾事件,媒体严厉批评火警部门的无能。他向妻子与子女保证,4 名孩童生命的逝去不是他的错,也不是任何人的错。在那个夜晚,消防员在现场已经无法再多做些什么了。

接下来的几天,他和他的组员都承受了心灵创伤后遗症。他全力促成由进行调查的警察而非现场的消防员收拾遗体。

几天后,警察发表了事后报告,确认 4 名儿童在消防员到达前就已经罹难。这给救援人员带来了点儿宽慰。尽管如此，对阿尔特而言，这场大火的影响还是无法从他心中驱散，因为，正如他解释的那样，他当时做出了有意识的、深思熟虑的决定，即放弃救援。尽管已经工作多年，但这是他第一次遭遇如此规模的紧急事件。他告知急救人员，与他告知我们的一样，"几乎不可能在心理上完全做好准备"应对此种危机。"经历这种规模火灾的每个人都会有不同的体验"，而且"寻求心理上的救助不应觉得有任何耻辱或难为情"。

听着阿尔特给我们讲述那个夜晚发生的事，我不禁流泪。我被这个消防员深深迷住，崇敬他的品德与职业的领导力、他在危机当前做出沉着冷静的决策的能力、他的判断之敏锐、他对消防员的保护与对失去4个孩子的家庭的关怀、他对一座小城的居民会如何对他评头论足的清醒自觉，以及他有能力将意外、运气、名声与做好本职工作区分开。

下面是能从这个案例中提炼出的一条斯多葛式的教训：阿尔特是一名高度技术化、堪为典范的职业消防员；他以清醒的洞察力与职业智慧领导他的救援小队；救火中并非所有的行动与努力都会收获预期的效果；这是一种高危职业，在这一行业中智慧的选择意味着要面对致命的火情与其造成的后果；预先的准备能让我们得到训练，但无法使我们完全熟悉和适应灾难。这是一种经过改进的斯多葛式的教诲。事后报告证明，阿尔特取消营救行动的判断并没有错，这给人一些宽慰。

不过难以接受的更严酷的斯多葛式思想教导我们，即使儿童是在消防员到达**之后**才罹难的，为了避免4名孩童罹难的同时消防员也在执行任务中丧命，那种情形下放弃救援也应该能带来心灵的平静。因为斯多葛派认为，德性像好的医术一样，是一门技能[59]：好的医治也不能保证其治疗一定会奏效。意志与智慧好比最好的医学技术与器械，也只能达到如此程度的掌控力。医疗工作者常宽慰自己：自己已经竭尽全力。好的消防员也是如此。斯多葛派主张，好的父母也是如此。好的专家并不总是好人，但大部分都是好人。达到最佳结果的渴望是人们的共同立场。

抗疫一线的医护人员已知晓这一点，波士顿布列根和妇女医院（Brigham and Women's hospital）的重症监护医生丹妮拉·拉马斯（Daniela Lamas）就是一个例子[60]。2020年的3月末，她与一名患者的丈夫有过一次通话，那时新冠病毒正在肆虐：

> 我不确定该说些什么。
>
> 在拒绝探视的重症监护室里，我们正向家属拨打电话汇报最新情况，这已经成为我们的新常态，电话通到一半，他突然停了下来。他问了个问题……
>
> 他的妻子现在已经用了几天的呼吸机，他也知道这些机器可能供应不足。他只是想确认一下：我们是否在

计划将她的呼吸机移走?

你不了解她,他接着说。的确,她的癌症已经发展到了晚期。但是在这场肺炎之前,她还在医院病房里参加了电话会议。她像议员那样聪慧,也是一个有趣的人。他告诉我,他们还有共同计划,就是去他们想去看看的地方。

这时我意识到了我患者的丈夫在做什么,他在努力向我证明他的妻子是值得挽救的。

……我挂掉电话,回到病房的嘀嘀声中检查患者的情况。肺炎所引起的败血症连同化疗所带来的免疫损伤都将压垮她,尽管呼吸机有助于帮她争取时间,但她也许仍无法渡过难关。

但我知道如果她去世了,我能告诉她的丈夫,我们已经做了一切所能做的。我也可以对我自己说同样的话。

这是给现代斯多葛派人士的明智忠告:所谓良善以及与之相伴的心灵的宁静,就在于尽我们最大的努力,与那些同样坚定的人一起以卓越的水准处理事情。卓越并不会使我们免于失败或免于困难,也不会使我们免于道德痛苦,但它是某种深刻的心理寄托的源泉。

安东尼·福奇博士在接受采访的时候已经79岁了。[61]有人问他在新冠疫情结束后希望以什么样的方式被记住,他回答说:"你知道的,我只希望人们记住我在做的事情,那就是我正在尽我所能做到最好。"好的医治就是斯多葛学派所谓的"生活的艺术"[62]的典范。这就是多数活得令人尊敬的人所努力做的事情——通过尽其所能做到最好,来过上良善的生活。

未知艺术家,奎里纳勒的拳击手(公元前100—前50年)
铜制,马西莫浴场宫藏

第 4 课

管理你的情绪

"尖叫声、掌声、高呼万岁声……有时他们还哭泣"

兰登书屋(Random House)的出版人员安迪·沃德(Andy Ward)描述了每个周三下午,他在办公室见到收件箱里《纽约时报》(*New York Times*)畅销书榜单时的情绪反应,那简直是惊心动魄。"打开附件的时候会有片刻的寂静,随后你就会听到尖叫声、掌声、高呼万岁声在整层楼里回荡。"这是件"美妙的事",他说,"但更美妙的事情是,打电话给一位为了作品能面世而辛苦耕耘的作家,并告诉她,她登上了《纽约时报》官方发布的畅销书榜单。这个瞬间永远鲜活,永远不会令人厌倦。他们有时安静,有时哭泣,有时大呼'哦,我的天'。这一切都是恰如其分的。[1]"

但对一个斯多葛派哲学家来说,这些表现是否恰当呢?沃德和作者们的兴奋都源于成功、外界的认可以及为了收获实在好处而付出的努力。但这种与外在事物紧紧捆绑在一起的快乐,会被斯多葛式的愉悦允许吗?那么相反,如果一个作者多年呕心沥血的作品因出版者的误读和糟糕的推广而成为一个失败品,她为此感到十分沮丧呢?对一个斯多葛学派哲学家而言,被惹恼、感到悲伤或者愤怒是否恰当呢?或者,斯多葛学派哲学家会认为要对一切从容以待,冷静下来继续做事吗?

那么如果是面对丧失生命或失去生计的悲伤呢?那些疫情期间奋战在医院前线的工作者们所感受到的来自工作的情感重压呢?他们承受着目睹大量生命逝去的悲伤,也承受着完成交接班后打开家门时传染家人的恐惧[2]。许多人担心自己一旦生病就会失去工作。对斯多葛学派哲学家而言,这些情绪都是恰当的吗?

如果斯多葛学派禁止了诸如渴望、恐惧、愉快和悲伤在内的基本情绪,以及其他与此相关的情绪,那么情绪反应在人们面容上留下了什么呢?

我们以这样的方式开启追问：在生活这场游戏中，斯多葛学派哲学家是否会显露自己的情绪呢？我的答案是他们会。但我们仍然需要补充一些背景知识来充实这个答案。

情绪的层次

斯多葛学派认为，情绪体验有三个不同的层次[3]。最为核心的是基础的或一般的情绪：比如对未来好事的欲求或对未来坏事的恐惧；或是对过去好事感到愉悦或对过去坏事感到悲伤。这些情绪连同它们的子类[4]一起构成了我们生命中丰富的情绪经验。斯多葛学派追随亚里士多德，以更坚定的方式主张，基本的情绪是**认知性**的。它们是动机性的信念或思想：在欲求的例子中，我的著作成功地被人们接受是我所追求的好事；在感到恐惧的例子中，灰熊是危险的，而我要躲避它；在感到愉悦的情形中，面前的酒香气怡人，值得品尝；在感到悲伤的情形中，我母亲的离世对我来说是严重的损失，使我感到悲痛。在一个更微观的层面上，信念是你所接收的感觉印象[5]，也是你接受事物表象的方式。接收暗示了自愿性，因此，斯多葛学派主张，情绪是**自愿**的心理行动，它取决于我们自己。同样，塞内卡在愤怒的例子中也表达了这样的观点。表露情绪是我们自己的作为，而不是我们被动遭受的事情，这一点在下面这一核心文本中得到了清晰的呈现：

> 愤怒始于被接收为错事的感觉印象。[6]但它是否仅仅由感觉印象而来并且在不涉及心灵的情况下爆发出来？心灵的承认是开始感到愤怒的必要条件吗？我们的观点是，感觉印象自身什么也不会引起，除非它得到心灵的承认。接收到有人对自己做错事的感觉印象、期待做错事的人受到惩罚、伤害本不应发生和做错事的人应受惩罚等一同涌入脑海，这些都不是仅凭一个无意的冲动就足以完成的。这些都在一个简单的过程中，这个过程是由认知、愤慨、谴责、惩罚4个要素构成的复合体。若没有心灵对感觉印象的接收，这些就都不会发生。

并不是愤怒碰巧发生在了我们身上，而是我们选择了它。这个复杂的过程将痛苦和欲望混杂在一起——因受委屈而痛苦，又因期待惩罚的降临而有欲望。但悲伤和欲望都不是盲目的冲动，它们都是基于两种不同的评价而暗中被选中的动机。一个评价是受到了不公正的对待（"伤害本不应发生"），另一个评价则是被视为恰当反应的行为（"惩戒本应被施行"）。因此，正如西塞罗早些时候在解释克利西波斯对痛苦的看法时说的那样,这里的情绪就是一个双重的评价性判断:一件恶事已经发生以及我们应该用合适的行为来应对[7]。

这是一个描述,而且是一个详尽的描述。更宽泛意义上的斯多葛方案也更为简明:基本的或日常的情绪跟愤怒一样,根本就是非理性的。它们是关于何为善、何为恶的**扭曲**认知和**错误**评价[8]。侮辱、冒犯、危险和威胁,爱与悲伤都与那些真正的善与恶无关。一般来讲,这些是人们或偏好或拒斥的中立之物,就像我们在多数情况下所做的及就天性而言应该做的那样。但是偏好或"选择"与情感投入并不是一回事。正是欲求和坚持、恐惧和悲伤这些附着的日常情感态度,才能导致情绪上的波动和越界,并最终破坏我们的控制力。

克利西波斯用一个巧妙的奔跑者比喻解释了"冲动过度"(excess of impluse)——一旦开始阔步前进,你就难以轻易停下来[9]。塞内卡发扬了这个比喻:感到愤怒就像站在悬崖边上,一旦开始坠落,就绝无可能回头。就像一个物体在做"自由落体运动"[10]。它持续膨胀,对背后的理由毫不在意。但仍然有一种既能体验情绪而又不过度或摆脱其控制的方式,当情绪专注于真正的善和恶,也即专注于美德和罪恶时,就是如此。有智慧的人或是作为斯多葛德性之典范的圣人,都已经培育出了这些"良善"情绪。

这将我们导向了情绪体验的第二个层次——良善的情绪是日常情绪的"健康"范本。良善的情绪专注于涵养美德和避免罪恶。斯多葛学派教导道，它们能对世界做出正确的评价。它们捕捉那些**真正的**善好与邪恶。在这个意义上，它们是道德情绪。唯有圣人才能完美地涵养这些情绪，而我们所要做的就是追求它们。这样的追求可能只是努力的起点，甚至不会带来真正的进步，但斯多葛学派承诺了这样的观念：规范的道德训练能带来心理上的改变。关键就在于努力培育良善的情绪，不管它有多么不完满。

被培育出的情绪模本大致是这样的：理智之人会经历以美德和善行为目标的"有理智的欲望"，而并不会体验到那些执着于外部好事的欲望。的确，一个斯多葛式的道德典范仍然会偏好健康胜过疾病，偏好爱胜过孤独。但不论所"选择"的事物在多大程度上是那些被偏好之物，选择本身仍然是明智的和审慎的，因为它是基于对被选择物的中立性的理解：我们当然有可能得不到我们所偏好的东西。相似地，圣人所经验的是"理性的欢愉"，或者如塞内卡所阐明的，是圣人和他那些道德高尚的朋友良善人格和行为中的"欢欣"或"精神振奋"，而非蕴含于外部良善之事中的兴奋[11]。所以，举例来说，在因为良善或公正的事物而做出牺牲时，圣人会感到振奋。也许同样，即便是圣贤也会因美食和好友而感到高兴，却是以那种道德真正高尚的好人的方式体验高兴的情绪，他不会有分毫越界，他慷慨大方而从不会生气或妒嫉。圣人会培育出"理性的谨慎"[12]，这是对恶行和道德妥协的防范，而非对死亡或失去朋友的恐惧。圣人避免与那些野心勃勃的人或者那些为了自身利益而将他人置于风险中的人打交道，以免受牵连。同样，死亡和失去朋友是圣人"厌恶"的，但他对此没有令人焦虑的畏惧或悲伤。

斯多葛学派其他思想中也回响着这样一个普遍的看法："有智慧的人适于交往、善于把握分寸，能鼓舞人心，在亲近的关系中倾向于寻求善意和友谊……他们还说珍惜、欢迎、友爱只属于正直的人。"[13] 简而言之，这些是相互友善的态度[14]，它们建构起了那种最好的友谊以及道德上和政治上的情谊。

所以尽管流行的观点将斯多葛主义看作一种要将多数情绪从我们身上剥夺的哲学，古典斯多葛学派实际上却主张，那些真正的良善之人会展现出理性的兴奋和欲望以及谨慎的防范，以免轻易误入歧途或遭人欺骗。我们珍惜朋友，培养自己对他们的热情和欢迎态度，这就是正义的行为。坦率来讲，即便是圣人在人生的游戏中也会表露情绪。

但我们仍然会好奇：为什么在理性的痛苦情绪中找不到范本式的情绪？为什么没有一种良好的或理性的愠怒、沮丧、羞愧、悲痛、怜悯、悲伤呢？

正统的斯多葛式回答是：你自己的或密友的不道德行为

所招致的罪恶是唯一能引起真正的不安情绪的事情。如果你和你的朋友都在完美的正人君子之列，那么这些就不可能发生，然而我们中的大多数人并不属于这个行列。即使我们是这样的人，如果说好人能从性格相似的密友的美德中获得愉悦，那么当朋友因死亡或疾病离他而去时，或当他失去强健的精神或身体时，为什么就不应感到悲伤呢？如果得到理性的愉悦完全无须冒险，那么这种愉悦的真正价值又是什么呢？此外，在紧张的时刻保持冷静是一回事，而不注意那些令人紧张的事或把它当作虚假情况不加重视则是另一回事。斯多葛学派对此有一个回答，而这也就将我们带到了情绪体验的最后一个层次，或者更确切地说，是前情绪体验的子层次。

斯多葛学派认为我们所体验到的是特定阈值下的情绪唤起。有些则接近于那种不受意志支配的自主反应，是我们对所处环境的身体性反应，就像塞内卡举的例子所说明的，"当冷水洒在我们身上时我们会颤抖"，或者我们的手"一碰到"黏糊糊的东西就会缩回来。但日常的情绪体验需要对感觉体验有所接收（某样东西看起来是否有吸引力），这些前情绪反应却低于心理上的接收门槛。我们经历过虚惊一场与惊恐、战栗和发抖、脸红和出汗，以及不自主的身体性的情绪反应。它们无须心灵的参与就发生在我们身上，"它们不请自来，也非请自去"[15]。但是，它们可以为我们开启一段情绪之旅提供推动力,甚至有时如果没能及早地进行控制,我们就会坐上情绪的过山车。即使是最有智慧的人也会经历这些初级情绪,这一点无可厚非。在最有智慧之人的例子中,这些情绪都是转瞬即逝的。我们可以说,它们是身体而非心灵在进行表达。塞内卡说:"如果有人认为苍白的脸色、流淌的泪水、性兴奋、深沉的叹息、眼神中乍现的光亮或者其他类似的东西是情绪的象征……那么他就错了;他没有认识到这些只是身体性的反应。"它们也许是不自主的,但对我们的生存而言也是必要的,"因此即使是最勇敢的人在穿上盔甲的时候也会脸色苍白;战斗的信号发出时,即使最勇猛的士兵也会双膝微颤;在双方交战之前,伟大将军的心也会提到嗓子眼;雄辩的演说家在准备发言前也会手指发麻"[16]。它们都是身体在收到生死攸关的信号时(在敌人即将到来的情况下、当要集中所有力量的时刻来临时、在部队需要立即行动的情形中)所表现出的适应性的特征。而在其他情况下,它们也能为一个老练的演说家带来一个优势——肾上腺素的刺激使他在演讲台上兴奋起来,即便他也会怯场。

不过在别的情形下,它们却会出卖我们,正如斐洛所说,当撒拉被告知身为百岁老人的自己即将生育时,她笑了。这是一种激动的笑,如果这笑来得突然而迅速,那也许正是她先前的生活所遗留的情绪悄然流露了出来,这种情绪的流露在她能"让心灵准备好"迎接一种更为克制和宁静的愉悦之前就发生了。然而，这种激动也许是恐惧的标志：她在担心，即使有上帝在背后操纵一切，自己真的能安全地生育吗？塞内卡的观点是，前情绪及其对周边情况做出反应或表露迹象的功能，即使在具有勇敢和美德的高尚榜样那里也发挥着关键作用。这一点也是斐洛的观点。"智慧的人虽能战胜所有厄运，但仍然能感受到它们。"[17]这是因为他仍需要通过情绪刺激来追踪重要信息——不论是关于敌人的前进、婴孩奇迹般的降生，或是可能危及船只和全体船员的正在逼近的强劲风暴。一位斯多葛学派评论家告诉我们，面对突然来临的台风，船长脸色煞白，但这一点不会构成对他美德的质疑[18]。这时，发送有线信号或许能拯救船员们；如果确实找到了救援人员，那么接下来他所要做的就是恢复平静。

以上对情绪经验的层次的概述从迅速的身体性唤醒开始，而后进展到日常情绪反应，再到理想化的合乎道德的情绪，呈现出了斯多葛学派一定意义上对情绪的关切以及他们对策的精密之处。从很多方面来说，他们关于情绪的思考极具洞察力。前沿的神经生物学研究者区分了以不同方式处理情绪刺激的"低速"神经通路和"高速"神经通路[19]。根据哲学家和心理学家的研究，主流的情绪理论是一种认知性理论，它主张情绪是评价性的信念或评估[20]。或许直至目前我们还不用急着接受斯多葛派治疗情绪的处方，但他们对情绪运作方式的描述的确颇有洞见且非常精妙。

愤怒

我父亲脾气不好，他经常没来由地发脾气而且要很久才消气。我记得他有一次和我母亲吵了一架，那时我大概 10 岁，具体吵的内容我完全不记得了。但这件让我记忆深刻的事情就像发生在昨天一样，他愤怒地把电话听筒从厨房壁挂上扯下来然后把它扔了出去。他的力量大到把整个电话线从底座上拔了下来（那时还没有无线电话）。当时没有人因此受伤，但他随即立马抓起他的夹克，猛冲出门，砰地把门关上，我们（甚至几乎还有所有邻居）就都知道他走了。好几个小时内我们都没有见到他，他再回来的时候（我熬夜到很晚等着他），已经冷静下来了。但接下来的一周我们都如履薄冰，小心地观察着他任何怒火燃起的征兆。

愤怒是丑陋的。塞内卡在其《论愤怒》（*On Anger*）开篇对其修辞技艺毫无保留：

> 怒目圆睁而眼含怒火，血脉偾张脸颊涨红，双唇颤动，牙关紧咬，怒发冲冠，深呼吸发出嘶嘶声，四肢扭动发出噼啪声，抱怨声，吼叫声，欲言又止的咕哝，时常互相击打的双手，踩击地面的双脚，整个身体都为

暴力所驱动……过分的激动所展现出的丑恶可怖的面容——你甚至不知道应当把这种恶行称作邪恶的还是丑陋的。[21]

塞内卡这是写给一个热衷于暴力的有心理病患的罗马听众。但塞内卡也对像愤怒这样的过度的或过分强烈的情绪发出警告，指出它是如何施行控制不会放松，并且又破坏身体和灵魂的。"当然，任何人一旦意识到愤怒从一开始就会对自身造成伤害，就希望能恢复平静。"[22]

他所描述的愤怒是报复主义的。报复性的愤怒深藏在希腊罗马文化的灵魂中，它也是荷马在描写勇士的愤怒时的素材，但即便是古代勇士的愤怒也会过火。阿喀琉斯（Achilles）因其心爱的帕特洛克罗斯（Patroclus）之死而惩罚死去的赫克托耳（Hector），把赫克托耳的尸体脸朝下在帕特洛克罗斯的坟旁拖行，而此时这篇诗歌已不再只是描述愤怒了。他采取了明确的道德立场："那个心中毫无体面可言的人""在他的狂怒时刻甚至对没有灵魂的泥土"施以暴行[23]。

塞内卡认为这种类型的愤怒是一种原始的防御，是我们应该征服的反击机制：这正是"一只被绳子紧紧捆住的动物在拼命挣脱，它越挣扎绳子越紧""反击是弱小的可怜者的标志；如果你把手放到老鼠和蚂蚁旁边，它们就会将锋利的嘴巴朝向你；所有弱小的东西都会在被触摸时觉得自己受到了伤害。"[24] 儿童精神分析家认为，这种攻击行为的根源存在于婴儿时期，就像梅拉妮·克莱恩（Melanie Klein）所生动描述的那样，处于"幻想攻击"中的婴儿会"挤压"阻止乳汁流出的"不良"乳房[25]，狼吞虎咽，以此来惩罚施虐者。塞内卡的警示性教导在于，道德和心理上脆弱的人会对最轻微的挑衅进行反击。自恋性创伤、地位的折损、在比赛中排名下降或被打败的感觉都对报复行为起到了推波助澜的作用。这一点与我们当下的政治现实也有相通之处，我们一次又一次地看到美国前总统唐纳德·特朗普（Donald Trump）以赌气报复的方式应对他的自恋性创伤。斯多葛派思想道德教导我们，创伤都依附在病态的价值观上。如果我们重视正确的良善品性，就不应遭受这类创伤，它们都是道德上有缺陷的反应。在特朗普那里，事情就非常危险，有缺陷的应对方式将会危及民主制度。

但如果塞内卡的教导是无条件地禁止所有愤怒，那么他似乎缺少根据。多数人都十分看重感知和表达道德愤慨、愤恨及道德抗议，我们将这些反应与复仇或报复区分开来。这是刺激我们为人类尊严和权利而战的部分动因，它们作为激情催生了意愿、承诺、毅力以及对目标的坚守。而在我们寻求支持和渴望回应时，它们对表达我们的承诺和确保他人的理解也至关重要。多数人认为，跟这些反应态度以及情绪伤痛彻底分离的正义感或友善感是难以想象的[26]。想想"MeToo"运动以及其中以广大男女同胞为名所做的积极努力,请想象这一切若没有道德愤怒的驱使将会如何。或者想想 2020 年发生在这个国家的"黑人的命也是命"抗议活动,在明尼阿波利斯(Minneapolis)死于警察残忍暴行的乔治·弗洛伊德(George Floyd)或在路易斯维尔(Louisville)死于警察之手的布伦娜·泰勒(Breonna Taylor),请想象若没有公共的道德抗议会怎样[27]。在半个多世纪以前的 1955 年也发生了相似的悲剧,时年 15 岁的约翰·刘易斯(John Lewis)目睹了只比他小一岁的埃米特·蒂尔(Emmett Till)惨遭两个白人暴徒杀害的场面,那次暴行促使他去完成后来被称为"好麻烦"(good trouble)①的那件事[28]。如果那天他未曾感受到任何敌意或者对残忍压迫的恐惧,那么他能成为后来的民权领袖吗?

哲学家玛莎·努斯鲍姆(Martha Nussbaum)最近讨论起了政治正义中愤怒处于何种地位这个问题[29]。要理解一种可行的斯多葛主义,这个关键点十分重要:作为现代人,我们应将地位、荣耀、声誉跟那些可能会被错误行为引入歧途的处于人类尊严核心位置的内在品质区分开来。斯多葛学派

---

① 《约翰·刘易斯:好麻烦》(*John Lewis: Good Trouble*)是上映于 2020 年的纪录片,通过采访和罕见的档案镜头记录了刘易斯 60 多年来在民权、投票权、枪支管制、医疗改革和移民方面的社会活动和立法行动。——译者注

的关注点在荣耀、地位和声誉——这些最终依赖外在之物的事物上。对针对自己名声或荣耀的侮辱进行报复性打击，可能使该侮辱者的相对地位被削弱，进而导致地位的逆转，但全新的平衡状态本身就是外部的。降低别人的声誉，这个行为本身并不会给声誉建基于其上的个人的内在品质带来提升——这个内在品质也就是他的行为、品性、正直等。

努斯鲍姆举了下面这个例子："有些人在其学术生涯中喜欢指责那些批评他的学者，并且相信这能给自己带来某些好处，这些人不得不仅仅将关注点放在声誉和地位上，因为破坏别人的声誉并不能使自己的工作比之前做得更好，或者消除其他人在他们工作中发现的问题。"[30]报复行为本身并不能提升或重振他自己的工作的质量。她认为报复行为能提升工作水准这件事只是一厢情愿，是对东山再起的幻想。同样，人们很容易认为，如果"执着于地位的关切"（"这关乎我的全部，关乎我的骄傲或地位"）是人们关于幸福的最终关切，那么幸福就会依赖通过报复而重获的平衡[31]。

但值得注意的是，这恰恰是斯多葛主义行为方式的力量所在。如果将我们的价值绑定在那些外在于行为的东西上（包括外在地位），那么我们的价值就被错置了。

但是那些在现代视角下构成有尊严生活的基础的内在善好——健康与食品安全、经济保障、身体完整性、防御暴力的安全保障、友谊以及与之类似的一切——又要怎么解释呢?[32]如果个体或系统的不正义导致这些善好的缺失,而这种缺失又造成了对尊严的威胁,那么这难道不是对犯错之人感到愤怒的正当原因吗？尤其是当这种愤怒是要纠正这种不正义的时候？

在从过往中寻找启迪时,我们必须谨慎,不能失去自己的视角。斯多葛学派珍视这些与人类尊严紧密相关的善好,但这并不是现代社会中政治思想家们思考问题的路径。在斯多葛学派看来,这些善好在良善、幸福的生活中仍然是被偏好的中立事物,它们自身并非无条件地就是这种生活的构成部分。它们是构成良善生活的**质料**,是我们的智慧将它们选为构成部分。正如我们前面所讲的,"选择"并不是一种典型的情感态度,而是一种意在将我们从那些也许难缠、无用、冲动的情绪反应的支配下解放出来的倾向性行为。在对不正义做出回应的例子中,斯多葛式的对倾向性行为的注解是,我们应当努力做出那些以积极理性地增进尊严为目标的选择[33]。尤其是,我们的行为应当抵制这样的幻想:通过伤害他人的自尊来治愈自己受伤的自尊。这样重获平衡的行为是非理性的,虽然下面的观点一点儿也不显得非理性:有时,恰恰因为善好之物和地位有其局限性,或是建立在不正义的结构之上的(我们需要更公平地重新设计这种结构),所以我们需要再平衡。在这样的情形中,愤怒也许是恢复正义的推动力,但仍然不能与愤怒如何以及为何起作用的错误叙事挂钩。

让我们回想一下 2020 年 4 月，美国海军舰长布雷特·克罗泽（Brett Crozier）被免职的事情[34]。他指挥的**西奥多·罗斯福号航空母舰**（Theodore Roosevelt）里有确诊的船员，而他被免职就发生在他发送的一封非机密邮件泄露之后，这封邮件详细描述了高层领导未能帮助他把（大约 5000 名船员之中）确诊的船员从已遭感染的航空母舰上转移出去的事情。这封信是最后的求救途径了："疾病持续传播并正在加速。"一架航空母舰就像一个小城市。20 世纪 90 年代中期我在**艾森豪威尔号航空母舰**（Eisenhower）上待过几天，所以我知道。那里根本没有空间来保持社交距离或者进行安全隔离。船员们睡在三层狭窄的铺位上，吃饭时胳膊碰胳膊，整天在梯子上爬上爬下，几乎没有隐私空间。

克罗泽被免职之后，紧接着就进行了一场报复性演说。在克罗泽走下踏板离任的时候，这些船员团结一致地为他们曾经的舰长欢呼致敬。随后美国海军代理部长托马斯·莫德利（Thomas Modly）飞越 8000 米前来斥责船员们所表现出的支持行为，并对前任指挥官为了保护他们而牺牲掉自己职业生涯的行为进行了谴责。在通过船上的广播系统发表的带有不敬色彩的演说中，莫德利说克罗泽"太过幼稚或者太过愚蠢，以至于不该担任这样一艘舰船的指挥官"[35]。他发表这一讲话的根本目的，是提升其自身和政府的公众形象，因而克罗泽的公共形象就要被打压。结果这一讲话惨遭失败——莫德利很快就递交了辞呈。指挥官的官职地位与船员们支持他的真正理由几乎没有关系：在海上出现紧急情况时，克罗泽展现出了良好的判断力和无私精神，即使他后来离开了指挥系统。船员们不是向他的地位致敬，而是向他的品质致敬。这一点是莫德利的报复无法动摇的。而莫德利的愤怒就恰是斯多葛学派所不赞成的那种。

但下面这个问题仍然存在，那就是塞内卡是否为这样的愤怒留下了空间：它们可被用于追寻美好而且既不会使愤怒者自身遭受毁灭，也不会执着于通过贬低受害者来施加报复的无用幻想。塞内卡将自己置于与亚里士多德的对话情境中，塞内卡说得很对：亚里士多德"坚持将愤怒视为一种对美德的激发"[36]。它的"缺席会使我们的灵魂在任何严肃的努力中都变得无力、疲软和无用"。他说，亚里士多德"赋予了它这样一种功能""激发它以期它能有些用处，能给予我们热情去战斗，去参与公共活动，去做任何需要激情的事情"。亚里士多德真正的立场在于，我们能培养起一种"有智慧"的愤怒，以便它可以在正确的时间以正确的方式针对正确的对象爆发出来。这就是所谓的"达到适度"（hit the mean）[37]。但在塞内卡看来，有智慧的愤怒只是个幻象，因为存在这样一个无可避免的困境："激发"可以转变为激情，但激情却会转变为暴怒。以戒酒为例，要彻底地戒断，

"过清醒而无酒的日子"[38]是唯一方法。

尽管塞内卡坚持主张所有的愤怒都是危险的病症，但在斯多葛学派的脉络下，那些非病态的愤怒是否有一席之地呢？前情绪也许能为我们提供这一席之地。愤怒在它早期未达阈值时或许就像燃料，助燃那些更成熟的更有助益的反抗或报复。这一想法可能就像下面所要讲的这样。我们来考虑一下性别歧视：贝蒂（Betty）作为一名女性，一次又一次地在街上听到嘘声、在职业会议上遭到性暗示，并且遇到教授把她的发言归功于一位男同学。他对贝蒂的发言表示认可，然后又反复强调这都是那位男同学所言。在她的新工作中，她又是所在学院唯一的女性，而那些男性针对贝蒂的各种性别玩笑就是单位的日常调侃之一。贝蒂经历过各种各样的状况，她所遭受的事情都深深植根于他人对女性的厌恶。在各种各样的情形中，她都经历着痛苦，一种身体上和精神上的撕扯感——这都称得上是典型的"担心、烦恼、精神苦楚、苦恼"[39]。

也许她随遇而安，不直接干预这些事，这个部门的文化也可能会有所改善。

那么如果她的经历或者记忆持续存在，并且更加严重或令人感到无力呢？就像斯多葛学派可能认为的那样，此时就正是承认和接收感觉印象的时刻，该印象是：这些都是她承受的严重恶行。而这种接收在某种情况下必须是面向公众的，甚至是极具公共性的。这就是发生在克里斯蒂娜·布莱西·福特博士（Dr. Christine Blasey Ford）身上的事情[40]。她觉得，揭露当时已在最高法院被提名的布雷特·卡瓦诺（Brett Kavanaugh）在高中聚会上喝得烂醉之后对还是一个15岁少女的她所做的事情，是她作为公民的责任。在性侵发生时，她甚至担心他会不小心令她窒息而死，因为他当时正压着她。关于那次性侵，她清晰地记得他嚣张的笑声。她在参议院对参议员说，她至今仍能听见那种声音并且产生了创伤性恐惧。作为一位心理学研究者，她解释说那天所经历的恐惧已经刻入了她的海马体——大脑的快速恐惧预警系统[41]中（就像斯多葛学派所说的前情绪）。这个系统能帮助我们维持生存，也会让我们准备好应对创伤后的精神紧张。

布拉塞·福特并不想在参议员面前作证。她不想重新唤起那种创伤并且忍受政治打压和潜在的死亡威胁。"这些都是我当时努力克服的困难。"但是，"现在我感觉到我的公民责任感[42]胜过了我对打击报复所感到的痛苦和恐惧。"在辩方传阅了她在性侵案中指控犯罪男性的说法之后，她直接被问到，"你在多大程度上确信布雷特·卡瓦诺性侵了你？"她回答说："百分之百。"[43]这是一次高度政治化的听证会，而且有些人已经站在了党派立场上。但对包括我自己在内的很多人而言，她的证词是可信的：在紧张的盘问下，她的举止、她的沉着、她的风度和勇气、她不得不出庭作证而表现出的显而易见的不情愿,这一切都使我相信她并不抱有任何让卡瓦诺降职或者让地位重置的意图。驱使她这么做的是道德命令,是把一个被最高法院提名的人的人品公之于众的公民责任。而布雷特·卡瓦诺的证词却让我们瞥见了相反的情况——他的"好斗和咄咄逼人"[44]、刺耳的声音、扭曲的面孔、多次进行的"反咬"式防御[45],这些表现使我们想起塞内卡关于愤怒之丑恶的警示。

在布拉塞·福特的例子中,我们能想象到她从早年遗留至今的恐惧感和愤怒感[46],在某一时刻这样的感觉是私人的,但之后它们又在公共场景下激励出了责任和公共动机。当她将一切公之于众时,她教育了公众,同时也激励了其他女性去打破沉默,而这一切都是以她伟大的个人牺牲为代价的。

如果以一种更宽厚的方式理解斯多葛主义,那么不只是前愤怒情绪,甚至连愤怒本身都有可能推动人们做出有原则、有助益的行为[47]。因为如果我们回想一下一般的情绪,比如愤怒,就能知道它们是有两个层次的:既有关于遭受不公平恶行的评价性判断,也有关于什么才是适当回应的评价性判断。塞内卡主张,正如很多古人所做的那样,对此约定俗成的规范就是以惩罚来回应。但我们具体怎么做就基于一种自愿的评价性判断了,文化和历史对此有巨大的影响。但斯多葛学派认为表达情绪就是一种选择[48],正如我们如何行动也是一种选择。

这里的要点在于,斯多葛学派给了我们一个以非报复性方式控制前愤怒情绪和愤怒情绪的过渡性空间。下面这个最后的说明会使这一点变得更为清楚。我们来看看奈飞(Netflix)的四集迷你剧《离经叛道》(*Unorthodox*)[49]里的情节。这部剧讲述了一个年轻的犹太教女子埃斯蒂(Esty)逃离她的丈夫和所属的哈西德派犹太教撒塔玛分支(Hasidic Satmar)①,从布鲁克林的威廉斯堡逃到柏林开启新生活的故事。这部剧改编自黛博拉·费尔德曼(Deborah Feldman)的自传,而她本人就是在一个撒塔玛群体中成长起来的。在剧集最初的部分,人们所看见的是被压制的愤怒、沮丧,还有一种无法融入包办婚姻生儿育女的世界、但又对其他世界一无所知的迷茫感。这种悲伤在认知上是模糊的,因为她的视野十分有限,而从属性社会关系也无处不在。愤怒是不断酝酿的平缓的躁动,它表现于紧绷的面容、噘起的嘴唇、茫然的凝视上,没有简单的语词或概念可以把它表达出来。我们可以看到和读到的是她身体上的不安。但随后她就进行了一次真正意义上的远走高飞。一张机票将埃斯蒂从肯尼迪国际机场带到了柏林泰格尔机

---

① 撒塔玛是哈西德派犹太教最大的分支之一,起源于罗马尼亚的萨图马雷,其特征是:极端严格的宗教依附,对现代文化的完全拒绝以及激烈的反锡安主义。
——译者注

场。对无法融入的犹太教生活的普遍愤怒情绪是这次出逃的推动因素，同时这也促使她去追求别的东西。一次偶然的机会，美式咖啡将她引入了音乐学校的大门，也将她引入了一个在哈西德共同体中对她封闭的音乐世界。在那里，女性被禁止演奏乐器或者歌唱。这违反了谦逊品质，会让丈夫蒙羞。

埃斯蒂新生活的每一步，都是关于如何在一个未知世界中找到方向的探索。有些因素在为这一切提供推动力，那就是旧世界剥夺了她的自主权所导致的那种束缚感和被掏空的"紧缩"感[50]。面对她所遭受的一切，她从来没有用"不正义""行罪恶之事""迫害"这样的话来描述。她说她从没有做到上帝要求她做到的事情，但正是对失败和未达到那些压迫着她的行为标准的愤怒驱使她去探索一种有尊严的新生活。不论有意为之还是无心之举，她都是在做关于如何恰当地回应愤怒的选择，并且这种反应无异于对过上良善生活做出选择。

悲痛

在斯多葛学派看来，悲痛是另一种形式的痛苦。既然它把关注点放在那些已经远远超出我们掌控范围的损失上，那么它就是一种需要被管理的情绪。它意味着我们成了运气的奴隶。我们所爱的人和物、家庭和故乡、文化遗产和宗教场所，这所有的一切都是中立之物，我们可以偏爱它们、选择它们。所以，失去它们不应该完全摧毁我们。以一种可以使之彻底平息下来的方式来控制悲痛，这种想法在我们看来是荒谬的，尤其是在严峻的疫情形势下，我们都被裹挟进了巨大的未知损失中。当我们即将要跟所爱的人永别时，我们并不会**选择**不握着她的手、亲吻着她的额头，或是一同坐在医院房间里为她唱诵最后的祈祷文或安眠曲。作为医学上的必要手段，我们也已**被要求**这么做。以我们认为恰当的方式进行哀悼，这样的需求[51]意义深远。

　　但斯多葛学派对损失的劝慰到底有多么彻底呢？如果悲痛要被消除掉，那么中立之物似乎真的终究会变成我们漠不关心的事物。不论是对家人的爱，还是来自工作的喜悦和自豪，偏好的积极意义也就被剥夺了。反之亦然，厌恶也被从随不幸而来的痛苦中剥离。这种情况下，我们对这些中立之物的欲求或躲避都是一种超然的选择。尽管我们在理智地做选择，但这是以牺牲我们的人性为代价的。

　　西塞罗和塞内卡挑战了正统的理论图景。西塞罗的挑战带有鲜明的个人色彩。公元前45年的一个深冬，他的女儿图利娅因难产而去世，他就隐居在罗马城外图斯库路姆（Tusculan）山的乡间庄园里，沉浸在慰藉性的文字中，并且以写慰藉自己的文字作为自我拯救的方式:"由于我思维活跃,所以我那时尝试了所有可以尝试的解决方法。"[52]在 7 月中旬到 8 月中旬这段时间里,他写成了《图斯库路姆论辩集》[53]的大部分内容,既包含对斯多葛主义的悲痛观的分析,也包含对一种温和的斯多葛式治疗的认同。要知道西塞罗本人并不是一位斯多葛学派哲学家,这一点很重要。他将自己视为一个怀疑论者,但他仍是一位严肃的希腊式读者和文本译介家,他被斯多葛学派的一些观点吸引,也对其他的观点持批评态度。在其哲学和治疗方法中,他兼容并包:"有些人主张安慰者有这样的责任:教导不幸者,让他们知道所发生的事情根本就不是恶,这是克里安西斯的观点……从克利西波斯的角度来说,他认为劝慰的关键在于消除人们这样的错误想法:哀悼是应当做的正义恰当之事。"[54]

"方法因人而异。"西塞罗补充道,而且介入的时机与介入的方法一样重要。不过他还是对斯多亚第二位掌门人克里安西斯的方法没有多少正面评价。传统的斯多葛主义破坏了劝慰的真正内核:"我对克里安西斯的方法不做过多考虑,因为它针对的是理智的人,他们不需要慰藉。因为如果你对一个丧失亲人的人说只有可耻的行为才是坏的行为,那么你消除的不是他的悲痛,而是他的愚昧。这样的教导在这种时候并不恰当。"[55]简而言之,圣人已然褪去了他的无知,也褪去了催生悲痛的依赖感。但对我们这种与西塞罗一样的凡人来说，在失去亲人的时刻给我们上圣人的课，至少是不合时宜的。

那么有没有一种更实用的斯多葛方案呢？西塞罗主张，"从其道理的有效性方面来看，克利西波斯的方法是最为可靠的"，他是执掌学园的第三任领袖。这种方法并不对深切的不幸本身予以否认，而是把着力点放在我们对之做出反应的方式上。也即，它将关注点放在第二层的评价性判断上，也就是放在那些个人倾向于采取的行动上。但即使这一点对像西塞罗那样身处丧亲之痛的人而言也是难以接受的："劝一个人，使他知道让他感到悲伤的正是他自己的判断，这是个艰巨的任务，因为他认为他应当如此悲伤。"[56]

塞内卡恰恰承担起了这个任务。他的劝慰采取了罗马文学艺术的形式，他首先对失去和痛苦本身予以承认，随后就开始探索重新恢复冷静和端庄稳重的方法："对您的朋友弗拉库斯的离世我感到十分遗憾，但我想请您节哀。"他对此又进行了澄清："我可不敢要求你完全不感到悲痛……这样坚定的意志只属于那些已然从逆境中崛起的人。"也许这就是圣贤吧。但即使是圣人也会感觉到些许的悲伤："即使他面对这样的事情也会感到一点儿痛楚，但也只是一点儿痛楚而已。对我们而言，如果我们还不至于泪流成河，还能重获对自我的控制，那么我们的眼泪就是可被原谅的。"[57]这种痛楚也属于一种前情绪，是由过去之事造成的情感创伤，但圣人在拥有这种感觉时却无需犯下任何错误[58]。

在另外一封信中他告诉我们,理智的人以更慷慨的方式流下泪水,当得知某人离世的噩耗时,或当我们紧握着那即将被从我们的拥抱中投入火海的身躯时,"泪水就自己涌出了眼眶""自然的必然性使泪水夺眶而出"[59]。这里没有一个接收的过程。"在被悲痛击中的时候",这是身体自然的反应。流泪、颤抖、呼吸加速都是面对不幸所带来的冲击时不自觉的反应,不论我们是不是品行高尚的典范之辈。情感上的平静往往在之后到来,尽管如此,这种平静还是为泪水留下了空间:

> 泪水往往不自觉地就流了下来。[60]而当我们重温对逝者的记忆并在悲伤中觅得一丝甜蜜时,也会给情绪一个出口——我们想着他们愉快的对话、快乐的陪伴、忠诚的付出。这时,我们的眼中渗出泪珠,就像身处幸福之中。这些泪水使我们沉湎其中;而有时泪水也会彻底征服我们。所以你无须因别人站在或坐在旁边而抑制自己的泪水;也不应当因他们而让自己哭出来:流泪与否不应感到可耻,因为它不是伪装的。就让泪水顺其自然地来去吧。

所以,真正的敌人是那些不自然的泪水,而不是如我们设想的那样,在公众面前流泪或者由记忆或者反思招致的泪水。令人无法接受的是对泪水的纵容[61]，放纵它们在超出自然或礼仪之规范的情形下横流。其问题在于超越界限和徒有其表。

刚才的这些建议有的听起来十分合理，比我们通常认为的来自斯多葛派的建议更温和。而塞内卡是个复杂的人物，有的人说他过于挑剔，当然，即使在最理想的情形下，他也没有做到对其学说一以贯之。在他的劝慰中也不乏冷酷的爱："如果你爱的人离世了，就再找一个人去爱。换个朋友比哭泣更好。[62]"朋友是可取代的；不仅收入是可随意支配的，人也是可以被随意对待的。但这几乎不可能成为我们愿意接受的斯多葛主义。

而塞内卡从不是个刻意隐藏自己弱点的人："我正写下这些东西给你——写给那个为挚爱的安那乌斯·塞里纳斯（Annaeus Serenus）放声大哭的自己……我现在明白了，我感到如此悲痛的主要原因就在于，我从没想过他会死在我前面。我只记得他比我要年轻得多。就好像出生的次序能决定我们的命运似的！[63]""他比我要年轻得多"——这个不断回荡在脑海中的想法使悲痛持存。直面**这种**损失，接受即使年轻也不能使自己抵御不幸的降临，这么想能带给我们些许平静。像所有人一样，他拼命地希求平静，也追求像他和塞里纳斯那样能支持生命的友谊。因此他是与我们处于同一种生命游戏中的斯多葛思想家。

他是个既医治患者也医治自己的心理治疗师。他所处的时代是悲惨的：有流亡、有被迫自杀、有罗马燃烧时还在拉小提琴（或者至少可以说在演奏七弦琴）的尼禄，还有里昂的燃烧、无休止的战争、政治动荡和无法控制的疾病。他的朋友所经受的一切，他也在经历着。焦虑无处不在。今天的我们仿佛很容易就可以听到他向我们谈论的思想。他认为这是一份有价值的荣耀，即他的信件能得以流传。此时此刻，来自生活于焦虑年代的治疗师的信件以及追求平静的劝慰，都与我们当下的状况密切相关。

现代治疗师的信条不是将他们自己的悲痛或病症讲出来与病人分享。他们听取病人的悲痛或精神病症，并且如果你是一个精神分析学家，你要做出相应的解释，同时不能以你自己的治疗方法或个人的经历来加重病人的负担。但如果你生活在死亡人数日益攀升的疫情中，那么患者的感受也就是你的感受——悲痛、对未知未来的恐惧、孤独和被迫从面对面社交世界中撤离。弗洛伊德建议人们"节制"，建议治疗师们"留白"，由此患者才能看到移情过程中存在于他自己身上而非治疗师那里的矛盾和情绪。但如果每个人都一起遭受煎熬，那么边界就难保不会滑动。

塞内卡是一名**道德**顾问。他不仅是一个倾听者，也是一个讲述者。他承认，他经常在信中自言自语。"我自己就是弱小的。"[64]"活在这里的这个人不是一个医生，而是一个病人。"[65]医生也需要得到治愈。首选的方法是哲学性的——它关乎失落之本和一个人如何对此做出反应。但核心点是，他的劝慰从不是对悲痛的彻底放逐，而是要应对悲痛。

尊重失落的悲痛只有在依恋关系中才有可能。但对他人的依赖也许是我们脆弱的最可靠的标志，也会影响我们的坚韧品格。如果斯多葛学派的坚韧根植于严苛的忍耐力和毅力，那么什么才是将这种毅力凝结起来的社会纽带呢？这是下一课的主题。

未知的尤菲拉蒂斯画家,《泛雅典娜节陶双耳瓶》,约公元前 530 年,陶制
大都会博物馆

詹博洛尼亚,《赫拉克勒斯与马人涅索斯》1599 年,大理石
佛罗伦萨的佣兵凉廊

第 5 课

斯多葛学派的毅力与韧性

舞蹈：一个集体

她曾经与父亲生活在一起，而她父亲热衷于宣扬上帝的箴言。"他吃黄油与蜂蜜。""他知道如何拒绝邪恶，选择良善。"第二天一早，冰箱里就清空了牛奶与奶酪。他认为黄油邪恶，蜂蜜良善，地下室里装满了成桶的蜂蜜。他认为学校也是邪恶的，它已被政府规训玷污。她不去上学，所有的女孩子因此都认为她不识字，她们也都不愿和她说话。

她的父亲也很暴力。他经常狂怒地禁止使用传统医药，并惩罚使用的人，因为他认为他们同样接受了错误的信念。

不论如何，她还是在这种环境中生存了下来。她有着毅力与魄力，她还有一个暗中"搞破坏"的奶奶，随时准备把她接到安全、能上学的地方："爸爸不会逼你把我送回去吗？""你爸没法逼我做任何事。"奶奶是她的盟友。有时候，她和妈妈也是盟友，她妈妈带她去上舞蹈课，这是她们的秘密。

舞蹈意味着另一种联盟，一种默契的协调。身体在对话，相互映照与模仿，同时因为你知道他人在做什么所以了解他人。你向外连接，同时也被别人连接。你们成为一个单一的集体，一个"芭蕾舞团"，即使你不知道这是什么意思。"学习跳舞就像学习融入集体。我可以记住总体的动作，从而融入他们当中：在他们向前迈步时我也向前迈步，与他们同时向上举起手臂。有时我看向镜子，看到我们飞速旋转的舞团纠结在一起，都无法第一时间从集体中把我自己分辨出来……我们一起行动，是一个单一的集体。"即使她只是一只鹅，如今却是一只天鹅。

这是塔拉·韦斯特弗（Tara Westover）的故事，记录在她力透纸背的自传《你当像鸟飞往你的山》（*Educated*）一书中。[1] 尽管有这样的父亲，她还是接受了教育。帮她建立这种坚韧品格的资源有很多，其中最重要的是从舞蹈中结晶而出的连接感。

这是斯多葛式毅力中的关键因素。这不是多数现代斯多葛主义者关注的点。它时常主张一种高度的自立性。"如果你想要任何善好之物,从自己那里获得"[2],这是爱比克泰德最常被引用的格言之一。很多人认为斯多葛主义呼吁的,正是根植于希腊-罗马传统的坚毅的个人主义。自治、独立、自律,一种"乐观进取"的态度。

不过我们知道,奥勒留的形象呈现了截然不同的图景:如果没有他人,我们只是被割离的身体部件,呈现为碎片化、缺乏联系的状态,无法很好地运转,甚至完全无法运转。

通过与他人的连接而在世界中安家,这是斯多葛派根源深远、处处可见的主题。无论是古代还是现代的斯多葛主义都认为,除了具有内在的力量,还要有社会性的支持,才是我们战胜困境的核心力量。

坚韧

坚韧(resilience)一词来自拉丁词 resilere,意味着反弹。在科学领域,它指的是物质在变形时吸收能量、然后释放能量的能力。捏住一个弹力橡皮球,然后放手,它会恢复原状。韧性就是弹性。在当代心理学著作中,韧性变成了寻找策略应对逆境的能力[3]。韧性不再被认为是刀枪不入,而理解为适应能力。它涉及灵活性以及在困境与挑战面前成长与恢复的能力。

适应逆境是斯多葛主义的核心之一。如我们前面已经看到的，斯多葛派有些应对逆境挑战的技巧看起来很是不错，比如关注技能及其本身的有效实现，而不仅仅关注其结果。同样，"内敛"，作为根据流变的信息调整自己的期待的能力，看起来也是有道理的。这些技巧，包括提前预估负面的事件以防到时候手足无措，虽不能保证我们刀枪不入，但也不能消灭风险。它们都是降低风险的保护性因素。斯多葛派高屋建瓴地认为，塑造坚韧品质的并非那些带来压力的事件（无论短期的还是长期的），而是我们如何赋予这些事件意义、我们的态度与看法。斯多葛派缓解焦虑的方法的核心要义，在于我们能学会将注意力转移到我们能控制的东西上。

不过学习这种技术是一种合作努力的成果，不是独自完成的。古代的斯多亚学堂，毕竟是通过教学关系、门徒友谊来培养有利于个人发展的资源的。持续的友谊、面对面或通过信件的互相关照，也是罗马斯多葛派塑造、建立强大品质的关键。

适应能力，按照现今的理解，也有关键的社会属性，比如要开放地接受他人的帮助、主动地通过关系网接触他人。在儿童身上，与共情能力强的照顾者维持紧密的纽带，是其将来展现出坚韧性格的预兆。纵观整个人生，拥有积极的家庭关系、紧密的社会关系，是培养韧性的重要因素，使我们能面对人生的挑战。当我们无法面对面交流时，就在虚拟平台上重建我们的社群。

热线电话、创伤中心、自杀干预热线、药物滥用互助小组、幸存者网络，它们都是为了满足我们寻求社会性支持的需要。诚然，向他人敞开心扉，需要对他人具有一定程度的信任以及大家共享的结构。他们心中会最先考虑你关切的吗？他们是打着帮扶的名义暗中牟利吗？他们基于虚妄的意识形态吗？提供帮助的人得到过合适的训练吗？在实际得到帮助前要经过多少官僚层级呢？还有更多问题。

除此之外，向他人寻求情感上的支持，还需要一定程度的自信，相信自己感觉的真实性，相信自己可以通过语词或其他媒介来表达自己的感觉。信任与共情，不单指向外面，也指向自身。

不过，在面对恐惧与缓解焦虑时诉诸社会支持的观点听起来不很像出于斯多葛学派，不是吗？斯多葛学派的韧性概念到底在多大程度上具有社会性？

交织缠绕

我们可以再次从马可·奥勒留和他的战场沉思开始。在第2课中，我们知道了奥勒留如何勾画出了一幅社会依存性的生动图景。他给社会性支持打下基础[4]。心灵与理性在宇宙中被普遍分享，这种分享是具体的，它出现在各种合作的行为、同步、协调一致、几乎意识不到也不寻求关注的互惠中："马儿跑，猎犬追踪，蜜蜂酿蜜，人行善但没意识到自己行了善，并且过渡到下一个行为，就像葡萄藤上接连长出葡萄。"[5] 善引起善，而不炫耀。我们行善就是共同体生活的本质的一部分："天生具有理性的存在者们，构成一个合作的集体；一旦分离成个体，就像一个个独立的身体器官。如果你对自己说如下的话，你就会更明白其中的奥妙：'我是理性存在者构成的系统中的一员。'[6]"我们是作为同一的集体而为一的，通过合作而生存。

理性，逻各斯，在斯多葛派的观点中是宇宙的基石。以某种形式，它也是我们身体（包括情绪）的素材。共享理性，就是通过语言、论辩、情绪表达，像在战场或芭蕾舞团中感受到的那种动态共鸣[7]等与他人连接起来。奥勒留经常让人想起理性在协调一致的活动中将我们联系起来的生动图景。我们在"交织缠绕的活动"中，自觉不自觉地"合作起来"。

他说，即使是睡着的人，也是我们合作全局中的同事[8]。共同努力、合作的观点源远流长、影响深远，而且，力量与忍耐力也依赖它。

奥勒留的评论所关乎的是社会联系。尽管如此，这些评论勾画的图景好像是无情绪的社交距离，由理性完成其连接工作，情感所发挥的作用很小，甚至没有。理性将我们团结起来，不过没有什么热情洋溢。

不过，在其他的反思中，奥勒留的态度一点儿也不超脱。他想到自己的朋友及其行为与榜样的作用能激发快乐，并且能推动自身品格的成长。当他需要激发士气时，就会刺激自己去具体地构想这些典范："当你想鼓舞自己时，去想那些与你共同生活的人；比如说某人身上的激情、某人身上的谦逊、某人身上的慷慨……因为没有什么比与你共同生活的人身上的品质展现出的德性形象更能鼓舞人心的了。"[9]尤其是当他们作为一个群体而被我们想到的时候。"因此要准备好时刻想起他们。"他们是他的个人手册的一部分。他对其养父安东尼厄斯（Antonius）性格的概述描绘出了一种良好的关系，他在陷于自我怀疑与道德动摇时可以从中获得自信与希望：我应当成为"安东尼厄斯的学徒……他在所有情况中的平稳情绪、他的虔诚、他表情中的平静、他的体贴、他对名誉的唾弃"[10]。

这些简单的角色刻画与其《沉思录》中著名的开篇论述

是一致的，在其中奥勒留列出了他生命中的一些人，他因这些人宝贵的品质特征而亏欠他们良多。目录很长，其中的品质涉及礼节与道德："我的祖父……拥有良好的品质与平稳的情绪""我的母亲……虔诚而慷慨"；奥勒留的绘画老师丢格那妥（Diognetus）教导他，避免游手好闲与冒名行骗；导师拉斯蒂克斯（Rusticus）教导他，不要在家中穿仪式服装来炫耀，或者在肤浅的思想者或无研究而妄谈的人那里浪费时间；语法学家亚历山大（Alexander）教导他，用词要准确，尤其对这方面有所欠缺的人（无论他们是偶尔大喊大叫，还是使用"奇异"的短语或"难听的表达"）。亚历山大继续教导道，正确的回答不应"吹毛求疵"，而应采用正确的结构词句[11]。这才是那种积极的、"快乐的提醒"，由此能建立起彼此的信任。这是善意的精巧运作的典范，它参与建立并维护紧密的社会纽带。

奥勒留的这种"债务目录"读起来有点像本书的致谢部分。我们认可那些帮忙塑造了我们的理性与成长的人。不过奥勒留并不是在给出一种公开的致谢或承认。记得吗？他是在写"给自己"，他是身处战争间隙的皇帝，在通过思念自己挚爱的朋友与家人来为自己寻求支撑。在他的营帐中，这些关系是在场的，而且是有重大影响力的。建立韧性是一个持续的工程，即使对准备次日的战斗的皇帝而言也是如此。而其资源要超出自身之外。

在世界安家，与他人连接

　　社会连接在斯多葛派思想中预设了另一种形态，它是经由在世界"安家"的观念来实现的。希腊斯多葛派创造了一个技术性术语 oikeiōsis，对这个概念的翻译不尽相同，有的译为"归属"，有的译为"熟悉"，还有的译为"占有"或"亲近"。它最一般的意思有关从属，进而在世界中像在家里一样。对动物，oikeiōsis 有关自保、适应环境。对人类，斯多葛派热衷于讲述有关什么是"亲近"我们的自然的善，什么是与我们疏远的自然的恶（即外在之物或中立之物）。作为生理性的存在者，我们有自保的目标。作为理性的存在者，我们致力于在经由理性规范的有德性的人生中去发展理性。这种天然的与理性的关系，将我们与他人连接起来。正如奥勒留清晰描绘的这幅图景，自然的规范力量推动我们生活在休戚与共的共同体中，与理性的、讲道理的同胞为伴。理性是一种共享的善好，将我们联系起来，并且构筑了社会性的世界。

　　认为我们在本性上是社会性存在者的观点，源自亚里士多德。亚里士多德认为，我们的城邦不是由社会性契约而来，而是通过自然的运作，从家庭的伙伴关系上升至政治性的有组织的城邦[12]。斯多葛派旨在拓展这一发展途径的深度和广度。我们一开始拥有的是对身体生存的原始冲动。随着成长，我们渐渐意识到我们真正的本性（以及对自己的意识和自然构造）有关于我们的理性及其完善。理性吸引我们亲近他人，并且为一切人类都有责任去做的合作行为和义务以及"合适的行动"提供根据。有关发展与成长的理论很复杂，[13]不过以上基本能提取其核心。

此处的关键是，即使转向理性，将其视为首要关注点，转向的也不是**我的**理性，而是**共享的**理性。在世界安家，即共享这个基础。我们可能在一开始时认为**自我感**主要与**自我保护**相关，但逐渐地我们的价值观会改变——包括对普遍理性的理解。西塞罗告诉我们，这就像通过一个共同朋友的介绍结交一个新朋友："相比原来那位朋友，他更重视新朋友。"[14]对完善的理性，也是这样的。当我们达到了理性的发展阶段，我们就终于在世界安家了：我们正确地为各种价值排序，受与我们共享相似价值观的人支持——他们同样受理性的标准规范。

同样，这种观点也来源于亚里士多德。亚里士多德说，真正的自爱并不表现为占有外在的善好之物，而是发展理性的卓越性。不过他坚称，这并不意味着自爱是理性的一种自恋的附属物。当你与理性的权威合而为一时，你就与它最好的运转方式合而为一了，"在德性的活动中，尽自己每一丝每一毫的努力来做最好的行为",来追寻"公共的善好"[15]。斯多葛派接着将公共的善好从城邦扩展至宇宙:"智慧的人意识到,除了不单单是分配给他,而是分配给全人类的东西之外,再没有属于他自己的东西了。"[16] 成为你自己的,也就是分享全人类的。

至此,这种在世界安家的方式还是有些抽象。通过共同理性达到共同追求听起来还是像空中楼阁的空谈,给不出多少对连接起我们与他人的实在的、情感的纽带[17]的洞见。

不过,斯多葛派让理性变得更具体的方式之一就是将情绪与情绪的附属物视为理性的表达。再精确一点,理性或认知只是情绪的素材。情绪,如我们在前面的课程中所见,是**有热情的**或高度具有驱动性的"引起强烈情感的"信念。即使圣人具有的那些经过净化的"善好"情绪,也是时而振奋时而萎靡。它们是强劲有力的,充满扩张与收缩、推力与拉力、高与低,这是所有情绪体验的特征。身体性的冲动甚至能驱动有智慧的人。最像神的凡人也通过情绪来辅助搭建人性连接及具有韧性的社会结构。

对像塞内卡那样的实践派斯多葛主义者(他们不只有智慧,而且投身于道德进步事业),共享理性同样也是一种充满情绪的体验,以支持性友情(包括笔友关系)为典范。在《道德书简》(*Letters on Ethics*)中,我们找到一份记录。我们读到塞内卡在寄出书信时的激动、等待回信的急切、在悲痛时的慰藉、揭露自己遭受的痛苦、对日常琐事的记录以及对平静和智慧最急切的野心。我们会有这么一种感觉，团结和共情在艰难的时刻会互相支撑、维系。

塞内卡在他生命的最后几年，即在他退出政治的修罗场后写了这些信件，彼时他心中考虑着人身安全和尼禄对他的怨恨。焦虑感和对宁静的追寻常常跃然纸上。他从外部世界撤退进自己的内心生活，不过这归功于一个朋友的帮助："当我将自己奉献于友情时，我也一刻没有远离我自己。"[18]

历史上的模范人物是其支持系统的组成部分。塞内卡坚称，我们无须将朋友限制在活着的人中。我们从过去的伟人身上获得激励——苏格拉底通过牺牲展现了他对其哲学信条的坚守，小加图（Cato）① 在自己的政治野心面前仍坚持了德行的道路，大西庇阿（Scipio）② 和辛辛纳图斯（Cincinnatus）③ 则展现了卓越的军事领导能力。半神赫拉克勒斯（Hercules）[19] 的形象更加复杂，我们马上就能看出来。尽管他卓越超群，但是他对荣誉的追寻导致了负面的、不稳定的成分，不论他在奋斗历程中如何克服了艰险。

塞内卡告诉我们，圣人现世的频率和凤凰现身一样，

---

① 为与其曾祖父、罗马共和国时期政治家老加图区别，称小加图。小加图是罗马共和国晚期的政治家，斯多葛主义追随者。——编者注
② 罗马共和国时期著名统帅，因在第二次布匿战争的扎马战役中打败迦太基统帅汉尼拔而闻名。——编者注
③ 罗马共和国时期的著名将领，元老院成员。——编者注

大概 500 年一次[20]。对此，批评者认为，圣人如此罕见，太令人气馁了，不能作为效仿的模范。不过，一个表现出情感、有充分且坚实的历史细节装点的圣人，应该可以作为勾连起神和人的方式。这就是斯多葛派培养韧性的策略之一——具象化典范模型，包括神，他们能教会我们如何面对困境。

这就是塞内卡的继承者——斐洛在其对《旧约》的希腊化解读中所做的。再想一下，当撒拉听说自己将生孩子时紧张地对自己笑的那个时刻。对这么大年纪生孩子的惊讶（老实说还有恐惧与怀疑），是如何转变为喜悦的呢？作为斯多葛派的女圣人，撒拉展现了如何挣脱使她"踌躇与颤抖"的情绪，而去感受那些更稳定的、能带来内心的平静与喜悦的情绪。这里没什么技术上的指导，我们得到的是对未来充满希望的典范：对最不可能、最危险的生产的焦虑[21]能逐渐转变为对一种更高的权威与更深层次的平静的信赖。这就是斯多葛式《圣经》提供的教训。

与真实或传说中过去的人物的联结，以及现实中的友情，都是构建斯多葛式毅力的社会性元素。塞内卡的信件是写给他的年轻朋友小盖厄斯·卢西利厄斯（Gaius Lucilius Iunior）的。这些信件是很直接的道德指导，不过它们是通过构建彼此之间的亲密关系来发挥作用的。没有发现卢西利厄斯的回信，这是一种文字艺术的形式。尽管如此，卢西利厄斯的身影还是在问题与回应中、共同的朋友有关他的消息中跃然纸上。"每当信件来到……我都与你同在。"[22] 塞内卡此处着眼的是后代——值得被称赞为他人"良善的原因"[23]。如果这些荣誉能通过这些信件留存下来，部分要归功于对斯多葛派通过友谊进行教导的记录，以及他们对这种方式的继承。

一种实质的关系

"我激动——我狂喜——每次我从你的回信、你的行为中了解到你在超越自己，我都能忽视我的年龄，再次感受年轻的力量。"[24]这是塞内卡老师通过理想化的虚拟关系在进行教育："我们从我们爱的人身上获得愉悦，哪怕他们不在身边。"[25]我们能想象出一个极有天赋的道德导师的形象，他关注年轻学生的人格进步，并且通过自己的教导学生不断取得进步，进而从中获得极大的愉悦。"他们的形象、他们的话语中，有一种生趣。"尤其是，"当你不仅看到你想看的那个人，而且看到的是你渴望见到的他们的样子"[26]。这可能看起来有点儿像皮格马利翁式的，一个道德导师按照他自己的心愿塑造学生，几乎不给学生自己留什么选择的空间或内在自由。这听起来不太像斯多葛主义，而像是一种外在的强迫。

确切地说，善是明确的教导目标，是斯多葛派导师对学生的期望，这也是很有道理的。不过这显然给良善如何养成、如何被表达留下了很多空间。

这种观点由更早期的斯多葛学者巴内修斯（Panaetius）阐发，西塞罗继承了这种观点。我们在人生中有四重角色或身份：第一是共享的理性的本性，是基于我们的人性而为所有人共有的身份；第二是我们各自不同的气质或体质；第三是基于"运气与环境"的身份；第四是随着我们成人，对"我们是谁、想成为什么以及想过怎样的生活"做出选择，而具有的"我们对自己的设想"的身份。这图景还太模糊，不知道在运气与环境极大地限制我们的自由时，我们如何能做出对人生有意义的选择。我们可能根本就做不到，不过当我们能做到时，此处的核心理念是，良善有许多形态。当我们对何为幸福的人生做决定时，我们的性格、能力、天赋经常指导着这些选择。有些人的职业就是由性格决定的。诉讼律师可能本身好与人争论；单口喜剧演员可能在日常生活中也很幽默；护士可能喜欢关爱他人；等等。我们为了选择生活中的正确角色，必须知道自己的天性。"我们是戏剧中的演员。"爱比克泰德如是说。这是斯多葛主义的基本主题之一。西塞罗充实了这种理念：我们在选择正确的角色时，就是在做出智慧的选择。这里他指的是"最适合"我们性格与体质的职业选择。他声称，在"复制他人的本性，而忽视自己的本性"

时，不用感到任何压力。如果足够幸运，会得到正确的老师指导我们的选择（尤其是在青春期晚期），那是我们最需要外部指导的时候[27]。

塞内卡的关键建议多数是说给教师听的。对学生的希望以及对基于其立场而具有的期望、野心，能使自己产生愉悦。这种关系支撑我们成为老师和家长，成为值得尊敬的朋友与伴侣。在其他著作中，塞内卡细化了情感交流的过程，使赠送礼物与表达感激不再仅仅属于一种礼节[28]。在《书信》的这种教学情形下，给予的回报是教师自身的成长与快乐[29]。即使我们是在以类似赊账的方式对他人怀有希望——相信他们能摆脱低迷或能在亲近邪恶之后纠正自己，我们仍在以某种方式教育着自身。塞内卡对他的年轻学生写道，即使像他当时那样死亡已临近，仍要加强对这些课程内容的掌握。我们向榜样学习，好的老师会与自己的学生打成一片。老师们有经验，或至少能对事物必须是什么样子感同身受。他还在学习与成长，共情的连接在有效的教学中十分关键。

我们来考察一下近期发生的政治事件。在2019年12月，迈克尔·科恩（Michael Cohen）被众议院监督与改革委员会传唤，调查总统唐纳德·特朗普及其内部核心集团是否涉嫌骗税与竞选违规。科恩曾充当特朗普的私人律师及"解决麻烦的人"超过10年。他刚在联邦法庭被定罪骗税与欺诈，就被带到国会作证。

当时的监督与改革委员会主席是伊莱贾·卡明斯（Elijah Cummings），他是来自巴尔的摩的一名资深国会议员。卡明斯是非裔美国人，是一名佃农的儿子。他的演说带有传道者的节韵与激情。在一场电视广播听证会上，他把手伸向了科恩。众所周知，科恩此前说过他会为他的老板挡子弹，不过现在他坚称会诚实作证。

"你犯过许多错误，科恩先生[30]，你自己也承认了。你来到这里说你犯了错误，不过现在想改变你的人生。"卡明斯回顾了自己过去作为律师的职业生涯，声称他可以代表很多陷入麻烦的律师。"你懂得，如果我们……作为一个国家，不给那些犯过错的人一个改变人生的机会，很多人都没法过得好。"卡明斯在这里给我们指出重新开始生活的可能性。他见识过有些人如何在定罪判决后继续生活，见识过他们如何扭转自己的人生。他指出了创伤后成长的可能性，即使是在经历了如此巨大的转变之后。

他接着承认了这其中显而易见的不公平：科恩被抓了，但特朗普统治集团中做过同样或更恶劣事情的人还平安无事。他再次说道，他将其视为一个成长的机会，如西塞罗可能会说的，一个选择新的前进方向的时机。"当糟糕的事情发生时，我告诉我的孩子们，'不要问它为什么发生在我身上，而要问它为什么**为我而发生**'"。科恩不知道为什么这是他的命运，他说他希望这能帮他变得更好，并能帮民主变得更好。这也是一个斯多葛式的时刻:"生命是中立的,我们使用它的方式却不是。"爱比克泰德如是说。不要对降临在你身上的事情漠不关心。卡明斯此处的道德口吻是宗教式的、没有个人情感的,"你是为他人做出牺牲,尽管他人无疑和你一样有罪;你是庙堂祭品。"这里有一些冷酷的功利主义的内容:个人只是带来良善的可替换的坑位,即使他是有罪的、应罚的。尽管如此,在这出戏中,他是所有人的替罪羊。

不过紧接着卡明斯的口风变了。他的道德观点变得特别个人化,像一个家长与另一个家长交流。此处,共情能力以一种特别震慑人心的形式出场了。

"让我告诉你真正使我痛心的那个情景,真的很使我痛心。你当时正起身离开法庭。我猜戴着牙套的那个是你的女儿。兄弟,那真使我痛心。作为两个女儿的父亲,我真的很痛心。我能**想象**那对你来说是什么感受。"科恩深深低着头,通红的眼睛下挂着两个黑眼袋,开始哭泣。接着卡明斯表达了他的感激、同情的关切以及积极的希望:"我首先想谢谢你。我知道这很难,我知道你承受了很多,我知道你担心你的家人。"

他建立了另一座桥梁。这次他连接的是科恩及其未来的狱中生活。这是一个黑人在教一个白人如何过监狱生活,以及向警察告密、当线人(也就是科恩在审判和现在的听证中所做的事)的代价。

"我知道去监狱很痛苦,我知道被唤作'告密者'很痛苦。让我解释一下。我来自巴尔的摩,我住在巴尔的摩内城区。当你叫某人'告密者',那是最恶劣的称呼之一。因为这意味着当他们进监狱时,他们会告密。这是最糟糕的名号之一了。总统也会称呼你为'告密者'。我们可比他强多了,真的。"

这是一堂了不起的公民课程,其中贯彻着斯多葛派有关道德进步、选择和韧性的教导。对我们来说,共情能力是这堂道德课程的重要媒介。卡明斯是在从情绪上与这个堕落之人建立联系:我感受到了你的耻辱,我理解你如此公开地承认自己道德堕落时必然会懊悔。我能看出你对在子女面前袒露自己灵魂的感受。我知道进监狱以及被唤作"告密者"是什么样子的。不过我怀有希望,你和我们这个国家有能力追求更有价值的目的,有能力朝着它们前进:"我们比这更好。"卡明斯一遍遍地重复。我们作为一个集体,一起经历着这些,无论现在还是未来:"我们的子女是送给未来的信息,[31]而这个未来我们永远都无法见到了。"一语成谶,卡明斯几个月后就去世了。

不过,这是斯多葛式的劝诫吗?斯多葛主义者可以用这种方式宣扬道德廉洁吗?即通过展现教导者自身的痛苦在双方之间构建桥梁?

诚然,非裔美国人的风格和情感表达肯定和罗马雄辩家的不一样,即使二者的修辞术都能在公共会场中展现布道般的风范。尽管如此，苦难与痛苦**确实是**创造一种切实可行的斯多葛式伦理的条件。爱比克泰德在深知何为政治奴役的情况下教授了一种新的自由。塞内卡在葡萄酒的美味仍停留在唇齿之间时力争节欲，他在享受着宫中的富丽堂皇时尝试放弃财富。他既是医生又是病人。奥勒留在投入皇家的诸般盛景时驯服着自己内心的炫耀与沉醉。他最小化权利与荣誉，不过他毕竟是征服帝国的帝王。斯多葛主义诞生于我们渴求的方向与我们当下所在的地方之间的巨大鸿沟。几乎没有老师能在不分享自己的努力的情况下启发学生，斯多葛派也不例外。因为所有人都有对平静、沉着、谦逊和驯服自我的要求，哪怕你是皇帝，或如塞内卡一样是皇宫中的大臣，所以斯多葛主义才如此有感染力和启发性。

斯多葛式的共情

在构建支撑韧性的社会性纽带时，共情是一个核心要素。对斯多葛派来说，在个体和集体如此对立的时候，如何构建这种社会性资源，成了一个很急迫的挑战。公元 2 世纪更鲜为人知的罗马斯多葛派哲学家希罗克洛斯（Hierocles）通过缩减一系列同心圆之间的距离这个比喻回应了这个挑战。最中心的圆就是你——你的心灵与身体以及生存的必需之物。接着是你的直系亲属，然后是较远的亲戚，再接着是最远的亲戚，然后是邻居，再然后是部族关系，一直往外到所有公民，最终到全人类。我们通过想象与尊重，将最远的圆拉近，与其建立联系："我们一直积极地将那些更远的圆圈中的人转化到更近的圆圈中[32]……像尊重第2个圆圈中的人那样尊敬第3个圆圈中的人，是我们义不容辞的责任。"其他几个圆圈同理。超越部族而进一步将他人视作你的共同体中的一员，需要付出积极的努力。

希罗克洛斯模仿了柏拉图《理想国》中的一个对策来试图缩小圆圈之间的距离。如果我们称呼一定年龄段的所有人都是"兄弟"或"姐妹"，"叔叔"或"阿姨"，"父亲与母亲"，可能会激发更紧密的关系。亚里士多德从不认为柏拉图的计策能成功。称呼一个团体中所有的女性为"我的母亲"[33]或所有的男孩为"我的儿子"到头来只会使关系变为虚伪。

我曾有一名中国台湾裔的美国学生，她对此表示认同。在讨论课中阅读了希罗克洛斯的篇章之后她告诉全班同学，当她从美国的家中出发前往中国台湾时，她妈妈正是为了构建紧密的家庭纽带而坚持让她称呼所有亲属和朋友为兄弟姐妹或叔叔阿姨。她觉得这种做法特别奇怪、尴尬，她承认她对当地文化来说只是个外来人，文化差异与距离使加强家庭纽带的意义弱化。在她看来，构建家庭关系需要的不仅是强制的称呼。

希罗克洛斯并不是在满足斯多葛式全球共同体的挑战的意义上构建家庭关系。如何照顾到那些我们不与其共同生活，甚至不知其存在的人的利益？我们怎么在他们获利时感到自己获利，或明白我们共同的福利超越狭隘的个人利益？如何使我们的尊重具体化？希罗克洛斯声称这需要非常积极的努力以及持续地将陌生人变得不那么陌生的心理建设。

后来，18世纪的启蒙思想家们进一步完善了这种斯多葛派理念。休谟（尽管我们现今用的共情在他那里被称为"同情心"）写道，共情是一种间接感受的情绪唤起。这就仿佛是我们被系在一根绳子上，当某人拽一端，另一端就会感受到拉力。我们捕捉到他人的情感，就好像它们会传染。[34]"没有共情能力，我们就没有对社会的广泛关心。"休谟的同代人，也同样是苏格兰人的亚当·斯密对共情能力阐发了一种更具认知性的观点：我们"在幻想中交换位置"，想象其他人的生活是什么样子。我们并非仅仅设身处地，我们还设身处地地**成为**他人。这种想象中的转变基础非常坚实，我们与他人的情绪"共享同一个节拍"，尽管"我们无法直接感受到他人的感受……我们只能通过想象来理解他人的感受……通过想象，我们把自己放入他人的处境，设想自己忍受着同样的痛苦，可以说我们进入了他的身体，在某种程度上变成了跟他一样的人"。[35]

对这些思想家来说，德性面临的挑战是如何与世界连接，而不使其变成自我的投影。为了实现这一点，我们需要共情能力和想象力，但也要检查我们自己的利益和偏好。因此，在启蒙主义道德视角的建构中，一个不偏不倚的裁决者或观察者的观念十分重要。

不过斯多葛派还没走到这一步。希罗克洛斯描绘了将遥远的他人纳入自己的圆圈。当我们将世界变成不那么陌生的地方时，我们就在世界安家了。不过，共享世界及其资源需要一个比个体自身更大的基地。美国历任总统中，许多人都读过斯多葛派著作，他们和启蒙主义者有同样的担心：如何构建一个社会，使其保留集体归属感而不使团体变得区域化、部族化。

赫拉克勒斯与一个父亲祈求不同的力量

我们大致描画了斯多葛派关于归属和共情（对个人韧性十分关键）的理解。当我们哪怕与距离最远的他人有归属感与连接感时，我们就是在世界安家了。按照斯多葛派的观点，一个社会性的自我，是一个全球性的自我，不管关照自己团体外的他人及被他人关照是多么具有挑战性。距离与差异是壁垒，不过有关不可动摇的毅力的神话也是壁垒。斯多葛派的韧性有时看起来是希腊式的。我们脑海中的图画有这样一种力量，它可以征服所有的敌人和恐惧，它结合了不可能的努力、心理的强大和身体的耐力。赫拉克勒斯是这样一位英雄，他经历重重危险仍旧平安无事，他是不可被打败的。他是一个行动派，不承认自己会恐惧。对某些人来说，他的形象具有典型的斯多葛派的坚毅。

不过赫拉克勒斯是一个悲剧形象，至少在塞内卡的戏剧《疯狂的赫拉克勒斯》中如此。塞内卡在很大程度上将这个悲剧描述为赫拉克勒斯对超级英雄行为的上瘾，其原因是朱诺（Juno）酝酿的疯狂。朱诺妒忌赫拉克勒斯，因为他是朱庇特（Jupiter）最享荣耀的私生子。在强迫他经受12件苦差之后，朱诺还有最后一个狂野的复仇行为，即以前所未有的方式来测试赫拉克勒斯。塞内卡提醒道，在这出戏中，赫拉克勒斯的韧性与其力量的来源截然不同。

背景是这样的：赫拉克勒斯刚完成第12件苦差，抓了哈迪斯（Hades）的看门狗刻耳柏洛斯（Cerberus），要从地府返回人间；他急切地想去见他的父亲安菲特里翁（Amphitryon）以及妻子墨伽拉（Megara）和儿女，他们此刻都在忍受暴君吕科斯（Lycus）的折磨，吕科斯趁赫拉克勒斯不在时杀害了墨伽拉的父亲克瑞翁（Creon）。

朱诺为他们即将实现的团聚而暴怒。"践踏他的雄心！"[36]"别再来怪物了。"这次，"让他自己对抗自己。""俘房赫拉克勒斯的心灵。"歪曲他的思想,调转他鲁莽的勇气对抗自身。

接着,赫拉克勒斯突破了两个世界之间的屏障返回人间。他为所有成就和荣耀而膨胀。"如果我想统治地下世界,我早就可以……我唾弃死亡然后回归。"[37]他的双手如今闲着没事,想再做些什么。他沉醉于行动。"我还得多做些事情。[38]父亲、妻子、孩子,我必须等等再揽你们入怀。"他要消灭吕科斯,然后在神坛祈祷,为这座城市和他的新统治进行净化。家人只能等等,和他们通过拥抱、爱抚等发自肺腑的与家人的亲密接触暂且放在一边,他有任务要完成。他的父亲提出要帮他进行净化。"不,我想自己做。"

计划一步步推进,肾上腺素水平极速狂飙。他是回来了,但他的家人仍在等他回家。接着他疯了,自我毁灭开始了,等待他的家人成了他的猎物。朱诺让赫拉克勒斯的脑海中全无冷静,她控制了他的心灵。首先,他在妻子墨伽拉的眼前杀死了他们襁褓中的婴儿,然后他砸烂了妻子的头。

安菲特里翁祈求成为下一个受害人,这样他就不用再目睹这一切了。不过,赫拉克勒斯此时已经失去理智了。朱诺接着就解除了诅咒。他冷静下来了,睡着了,全然不知这惨剧——直到他醒来,见到"成群的幽灵"[39]——他还是不知道自己就是凶手。

他的父亲告诉了他这悲痛的消息。父亲很温柔、深情,在难以理解的悲剧之后，仍拥抱自己的儿子，抚摸他、宽慰他："你很悲痛。错在你的继母。这不是你的错。"[40]

安菲特里翁在这出戏中扮演的角色是睿智的斯多葛派治疗师："谁曾称意外是犯罪？"[41] 不过，赫拉克勒斯反驳道，如果意外足够糟糕，它们就是重大罪行。不过他的父亲坚定地维持着睿智，不去评判。坏运气与意外、复仇心切的神灵赐予的狂怒，这些都不是我们自身的行为。"原谅自己吧，[42] 这只是一个糟糕的行为。对自己展现同情与同理心。我为你而来，来展现我的同理心。"

当赫拉克勒斯几乎充耳不闻安菲特里翁的祈求时，赫拉克勒斯的同伴与密友忒修斯（Theseus）作为一个富有同理心的同僚前来斡旋。他的策略是激发赫拉克勒斯不屈的勇气并引导他走向正确的方向。控制怒气，并且运用你人尽皆知的勇气[43]来对抗那会使你自毁的狂怒，对抗被看作弑亲禽兽的耻辱。"你父亲的祈祷应当有用，不过也让我来试试，用我的眼泪打动你。""用你一贯的能量，冲破你的苦恼。""用你英武的勇气来摆脱对自己的愤怒。现在是时候振奋你的精神来面对不同的危险——不单对失去所爱，并且知道是你无意识地屠戮了他们的道德创伤与心理创伤。"

这是一出令人惊叹的戏剧，其中塞内卡清楚地展现了即使是赫拉克勒斯也需要社会性纽带的支撑。身体的强力是不足的，自立是不够的。赫拉克勒斯的勇气必须来自不能由他对自己展现的慈悲，必须由其他人为他塑造、呈现出来，他必须依赖他们才能学会其方法。

因此，赫拉克勒斯最后的苦差对他来说是最难的：接受信任和爱，并且给出回馈。人与人之间的纽带会成为他的力量。安菲特里翁恳求他不要自尽："我求你，不要留我一把年纪孤单地活在世上……你是这个被毁的家庭的唯一的支柱，是缓解我痛苦的一扇窗。""赐予我再次见到并抚摸你的喜悦吧。[44]我求你了。"一段父子间的亲密关系，一个拥抱、抚摸，对爱与关怀的回馈，都是他们二人继续走下去必需的勇气基石。这种勇气对此时和先前冲破地府、见到墨伽拉的赫拉克勒斯来说是陌生的，然而此时没有其他路可走了。

这是戏剧。塞内卡不是在给自己写信，或是构想给朋友写信，这也不是对失去之事的缅怀和安慰。不管是否真的能演出，戏剧都能使虚构成为现实。而在此处，成为现实的是一系列悲剧事件，主角是一个被荣誉冲昏头脑的大块头，他不得不面对最糟糕的悲痛——见到家人被屠杀的身心苦痛以及认为自己做了这些事（虽然他是无罪的）的信念。

一个做心理治疗师的同事告诉过我一个案例，能让人以一种奇特的方式联想到这部戏剧，或者至少联想到意外带来的创伤。在这个真实的案例中，给人带来创伤的是一个疏忽，这个疏忽像所有可憎的罪行一样导致了严重的后果。她曾经为一名急救员提供心理治疗，后者有很复杂的心理状况；他的过去充满了意外和不幸，其中一件事使他痛苦不堪。他曾作为警队的一员参与火灾现场的营救工作，他的任务是在着火的大楼中寻找3个被困儿童。他找到并救出了其中的两个，但怎么也找不到第三个。他搜遍整个卧室，就是找不到她的踪迹。房间中黑烟滚滚，他只能依靠听觉和触觉。"我觉得她在床上，但没有找到她。"

他事后才知道，这个被烧死的孩子藏到了床下。"为什么我没有觉察到她在床下？我接受过在压力下冷静思考的训练。我得有多蠢？""我救她了吗？没有。我把她留在了原地。""无论法官认为这是不是我的错，对我来说都无关紧要。""我在生死攸关的问题上失败了。"他就是忘不掉，这个创伤的记忆一直在他的脑海中闪回[①]。他觉得自己对这个儿童的死负有道德上的责任。如果心理治疗的目标是使人不那么自责，使人能对自己仁慈一些，他很确定自己不配接受治疗。"我这么自责可能是对的。"不过这种自责快要"吞没"他了。

像其他4名急救员一样，他觉得自己属于不屈不挠的战士阶层。表露情绪是软弱的，他的工作所重视的事物不包括情绪。他的工作重视行动和快速反应以及不让人失望。过滤工作中意外事件的情绪残留[45]不是他工作的一部分，但没有这种能力他就没法继续走下去。

---

① 过去的痛苦经历在头脑中闯入性再现。

这是一幅人性的悲剧图景，显然和塞内卡笔下的赫拉克勒斯十分相像。英勇的救援行为让我们对自己的力量持有不切实际的信念。没有任何一个人是自足的，我们无论在顺利的时候还是艰难的时候都需要他人。我们需要他人帮助我们理解自身的恐惧与失败：在我们自己不能同情自己时我们需要他人同情我们；在扑救足以烧毁房屋和原始红树森林的大火时我们也需要他人；在房屋、生命、工作、大自然被剥夺的时候我们需要他人安慰我们。

　　这是当前最急需的课程。上百万急救工作者必须关于自身在前线能做到什么与不能做到什么达成共识，不论是在火灾现场还是在面对疾病的时候。他们忍受着连绵不绝的恐惧与焦虑，他们感到无助。对那些在医疗前线奋战的人，他们担心患者一旦停止接受治疗会怎么样。他们见识了一度处于控制中的医院与城市再度不堪重负。有些医务工作者一直与家人保持着距离，因为害怕自己会把病毒传给他们。他们想放弃这份过于危险的工作，但又纠结和焦虑，因为要靠这份工作交房租、吃饭和交医保。

　　除了物质与经济资源，还需要强大的、实质的、面对面的情感支持，这样我们才有机会平安度过这些绝望的时刻。构建斯多葛主义的毅力不单单关乎内在的强大，在古代不是这样，现在也不是。

在被击落的前一周斯托克代尔从他的战机中出来

沦为囚犯的斯托克代尔，1966 年

第 6 课

通过自我同情获得治愈：斯多葛式战士

斯托克代尔与斯多葛式军事文化

在"9·11"事件发生之后仅仅3周，我就乘飞机到圣地亚哥采访了海军中将詹姆斯·斯托克代尔。我对飞行有些许不安。两周之前我们刚在杜勒斯机场送走了去法国读书的女儿，那里已是个接近废弃的地方。但斯托克代尔和我早在数月前就计划好了这次访谈，所以我还是决定前往。在海军访谈节目上我们已经见过几次面了。事实上，为了向他表达敬意，我已在圣地亚哥大学主讲了以他的名字命名的讲座。我深知他在军队里（尤其是在美国海军学院里）的传奇地位，他在那里留下了深深的斯多葛主义印记。斯多葛主义因斯托克代尔而重新获得生命。而直到在科罗纳多他的家中度过了那个早晨，我才知道，退休之后的数年里，他仍从爱比克泰德的理论中获得启发。他能记住《手册》（Enchiridion）中的大多数内容，而这些内容仍是他坚韧品性的来源。

1965年9月9日，时任海军高级飞行员的斯托克代尔驾驶的战机在北越上空被击落，落入敌军手中的他默默地对自己说了这样一番具有预见性的话："我起码要在这儿待5年了。[1] 我即将离开科技世界，进入爱比克泰德的世界。"斯托克代尔曾在职业生涯中期去斯坦福攻读硕士学位，斯坦福的哲学教授、系主任菲利普·莱因兰德（Philip Rhinelander）把《手册》当作小礼物送给他。面对这个礼物，斯托克代尔感到有些犹疑，他对我坦白道："一个像我这样喝马提尼酒，打高尔夫的海军飞行员能拿这样一本书做什么呢？"在太平洋的美国海军"**提康德罗加**"巡洋舰（USS Ticonderoga），以及之后"**奥里斯卡尼号**"航母（USS Oriskany）上所度过的夜晚是漫长的，爱比克泰德薄薄的小册子就成了他的伙伴，他将里面的内容牢记于心。自他从"天鹰"攻击机（A-4 Skyhawk）上被弹射出来的那一刻起，来自《手册》的教诲就从他的心底被唤起。

当他摔在地上时，街头的一群人殴打了他。这些攻击和随之而来更为猛烈的殴打使他的左腿严重受伤,余生他都只能跛足而行。直到我们见面,他的左腿还是无法弯曲。因此,我们只能坐在餐桌边,为他无法弯曲的左腿留出空间。这是他与爱比克泰德之间的联系之一,爱比克泰德也有一条跛了的腿,不知道是天生如此,还是当奴隶的时候遭人殴打所致。我提起这个神奇的巧合时,斯托克代尔用他所特有的詹姆斯·卡格尼(James Cagney)式声线,引用爱比克泰德的话回应我:"残疾对腿而言是一种阻碍,对意志而言却不是;面对所有事情你都可以对自己这么说。因为你会发现这对某些事物而言是障碍,但对你自己来说并不真的如此。"

爱比克泰德曾教导,即便你被奴役着,你仍能控制自己。斯托克代尔在他7年的囚徒生涯中将这一教诲内化于心,作为北越战争的高级战俘,他被关押在华卢监狱(Hoa Lo prison,或如战俘们所戏称的"河内希尔顿",Hanoi Hilton)中;期间有4年他被单独监禁,另有两年被戴上了脚镣。[2]与斯托克代尔相隔两个牢房的距离关押着战俘约翰·麦凯恩(John Macain),后者后来成了亚利桑那州的参议员。

作为职位最高的军官,斯托克代尔引领着其他战俘。"不要掉队"(Take the ropes)成了他们面对持久而反复的酷刑时所用的委婉口诀。拷打者们的最终目标是使他们屈服。而惩罚那些拒不服从的敌人的方式,就是将他们再单独关押6—8周。斯托克代尔给他的士兵们的指令是爱比克泰德式的:"我的观念在于：'我们这些处于枪口下的人个个都是好样的，我们是自己命运的主宰。'"他当时并不会发布那些"让人产生负罪感的空洞指令"，或者强调政府的规定要求：报告姓名、军衔、编号、出生日期，这些东西都不会让人在刑讯室里振作起来。传递的信息要清晰，要能铸成他们坚定抗争和集体生存的支柱。主要的指令必须是一串易于记忆的首字母缩略语，他将之确定为：BACK US。不当众屈服（don't Bow in public）；远离广播（stay off the Air）；绝不认罪（admit no Crimes）；永不与他们吻别（never Kiss them good-bye）。"US指美国，但在这儿的真正含义是'团结胜过自我'。永远都要强调'我们'而非'自己'。"他们仍是处在战斗中的中坚力量，然而这次战争是意志之战，斯托克代尔正是流亡殖民地的领袖。

在所有这一切中，爱比克泰德都是他的指引者。受伤的后背和腿从来没有给他带来真正的伤害。真正的伤害只会源于背叛自我和群体所带来的罪责和耻辱；真正的伤害是低估自我控制力和权威，是将香烟的味道或一晚上没戴脚镣误认为真正的自主，是忘记在反抗施暴者的意志时理性的力量。

斯多葛主义的这些核心思想被他称为"能塑造态度的理论"，它们是身陷牢狱的生存工具。而他在 40 年后仍然坚信这些理论。"关于如何不再执着，爱比克泰德是这样说的，"

斯托克代尔飞快地说出爱比克泰德的话,"凡是人们寻求的或逃避的,如果他都能给予或免除,那么他就是自己的主宰。那些想要获得自由的人,无论是谁,都不要希求或拒绝任何取决于别人的事情;否则他必定会成为奴隶。"

弗里吉亚(Phrygia)的罗马奴隶、斯多葛哲学家爱比克泰德是斯托克代尔的救命稻草,同样也为他的妻子西比尔(Sybil)带来了一线生机。他们用于交流的信件上布满了密码和隐形墨水,就像间谍小说里写的那样。也正是西比尔,这名战俘的坚定保卫者,组织起那些与此有类似遭遇的家庭,并且唤起了国际社会对北越虐待俘虏以及持续违反日内瓦协定事件的关注。位于科罗纳多她的家中的餐桌成了战俘的妻子们孜孜不倦地开展活动的中心,她们再也不能接受五角大楼"保持沉默"的政策了。西比尔一次又一次来到华盛顿,突破烦琐的官僚程序为囚犯们辩护。终于在1973年,近600名战俘得到了释放。

当时我和斯托克代尔也是在这张餐桌上交谈的。西比尔在厨房,也听到了一些我们的谈话。有一刻,斯托克代尔说起他当战俘的那些年纵然遭受酷刑、脚戴镣铐,但始终怀有一线希望:他理解了爱比克泰德所教导的真正自由,他甚至愿意为此将一切再经历一次。但西比尔却不会愿意——她听完斯托克代尔所说立刻冲到餐厅坐回桌边:如果斯多葛主义是一种宗教,那么她一定会以不同的方式信仰它!

他们都以各自的方式信仰着斯多葛主义，并且都有不屈不挠的意志。[3] 他们都在困境和疾病中互相扶持。斯托克代尔最终被阿尔兹海默症压垮了，他死于 2005 年，享年 81 岁。大约 10 年后西比尔死于帕金森病，享年 90 岁。

斯托克代尔使爱比克泰德的思想在海军中传承，也传给了后越战时期的其他军人。但爱比克泰德和马可·奥勒留的精神早已成为军队气质的一部分。斯多葛主义教我们如何让自己适应严酷的困境，如何在压迫下追寻自由，如何进行爱的教育来珍视正直的品质而非把价值寄托在梦幻泡影般的事物上。爱比克泰德警告说，如果最亲密的朋友乃至父子都窥见了"一丝荣耀之光"[4] 的机会，那么他们甚至可能盼着对方死去。这一点给战士们上了一课，为了同一个目标肩并肩战斗的个体成员可能为了赢得勋章而将对方置于危险。在军队"追求绶带"就是追求荣誉。爱比克泰德提醒在役士兵要摒弃不良荣誉，要立志追求真正的美德。其他军种的核心价值观就像海军的核心价值观——"荣誉、勇气与承诺"那样，如果这些词汇仅仅意味着职位高升——就像制服上闪闪发光的军衔标志那样，那么它们就毫无意义。

20 世纪 90 年代中期我在海军学院讲学，那时发生了一起重大的舞弊丑闻。我当时是刚就职的伦理学讲席教授，负责帮助 133 名在电气工程考试中作弊的海军学院学员"重启正常生活"。最后我留下来教了几年伦理学，并将伦理学纳入了课程体系。我教授的内容就是我在耶鲁大学和乔治城大学课堂上所讲授的,既有从边沁、密尔、康德、亚里士多德和一些正义战争理论家那里摘取的文本,也在其中穿插了一些案例研究。讲授的顺序并不是依思想出现的时间而定的,而是基于主题安排的,在学期末尾我们才讲到斯多葛学派的思想。当讲到这里时,我们的航船终于到了终点!我带领上千个年轻人(大学二年级学生)以及担任我所在分部领导的各级长官们,找到了**他们自己的**哲学。爱比克泰德以其他哲学家无法做到的方式跟他们达成了交流。早在这些学生成为军官学校新生的那一刻,他们就有了自己版本的斯多葛祷语。那就是:"振作起来,继续前进。"(Suck it up and truck on.)这是军中生存需要的。而现在带有大写字母"S"的"斯多葛主义"(Stoicism)充实了这一信条——爱比克泰德以斯托克代尔为介,带来了关于美德和严格自律的教诲。

军人所面对的张力:斯多葛主义与道德创伤

希腊-罗马的斯多葛主义自然而然地适用于军人,但它与现在很多专家视为战中和战后普遍存在的心理状况之间产生了张力。这些心理状况指的是道德创伤。针对与战争相关的道德创伤的前沿研究，以及致力于解决这一问题的临床精神健康专家，都将之定义为"当对道德和伦理行为的根深蒂固的信念与期望遭到违背时所发生的羞愧、自我障碍、愤怒和自暴自弃综合征。"[5]这种违背可能发端于行为人（作恶者）的观点、其他人（受害者）的行为，或作为切近事件的目击者——比如那些身临现场的战地记者或摄影师。《多伦多星报》（Toronto Star）的摄影记者保罗·沃森（Paul Watson）1993 年在索马里拍摄了获得普利策奖的作品《上士》（Staff Sgt）。威廉·大卫·克利夫兰（William David Cleveland）上士在摩加迪沙的街道上被索马里叛军绑着拖行时已经浑身是血。就在沃森将镜头对准这一场景时，他听见克利夫兰轻声说："如果你这么做了，那我永远都感激你。"[6]这张照片最终推动克林顿政府做出了从索马里撤军的决定。但是数十年来，沃森一直在为拍下这张照片带来的内疚感所折磨。就好像沃森的相机是杀死克利夫兰的凶器之一。

道德创伤是对严重的道德冲突或道德挑战的创伤反应。它与创伤后应激（post-traumatic stress，简称 PTS）相关。这二者有相似的症状，但道德创伤的不同之处在于，它是由道德上的威胁而非重大生命威胁所激发的。潜在的创伤体验与违背道德原则相关，而与破坏安全状态无关。展现道德伤害的情绪能直击人的心灵深处，像内疚、羞愧、怨恨、背叛和被背叛的感觉那样。它们都是更宽广的情绪"调色板"（哲学家称之为"反应态度",reactive attitudes)的一部分。它们证明了这样一个事实:我们倾向于追究自己或他人的责任。

服役士兵会在高风险的情境中使用最具杀伤力的武器。而良心未泯的士兵与他们所做的、他们没有做的和他们所抛弃的那些事情作斗争。也许道德创伤对军人而言伤害尤其严重,但它也存在于平民的日常生活中,即便是在杀伤性武器未被使用的情况下。对所有人而言,斯多葛主义应对道德创伤的方式仍然是有待学习的课题。

一次意外杀害

莱恩·麦克道尔(Layne McDowell)是天生要坐飞机驾驶舱的人。[7]他从初中就渴望飞行,而海军学院与空军不同,他们在这个膝盖刚刚受伤的家伙身上打了个赌。麦克道尔1995年以3.84的绩点毕业,很快他发现自己具备飞行的良好身体条件。他是个"重力怪"(G-monster),随着时间的增加,他能在"眩晕"(spin and puke)离心机里承受9倍重力加速度的压力。他不仅具有身体方面的忍耐力,在心理上,他也能接受出于自卫而故意杀害敌军战士的行为,他认为这是"正义之战"。但他职业生涯早期发生的一件事打破了他道德上的冷静。1999年5月的一个中午，科索沃北部某无线电中继站发生了一场袭击事件。当时图像情报不够清楚。为了不让塞尔维亚军队注意到他，他不得不绕行到目标南边再迅速折返。如此一来，机组人员也就只有更少的时间来定位和确认目标。塞尔维亚的空军开火了，这导致麦克道尔的注意力不得不从定位目标的屏幕上移开。

"我对这次发射感觉挺好，但随即云层遮挡住了目标，直到还有13秒就要发生碰撞时我才能看清。遮挡发生的时候我就开始对目标位置感到怀疑了。目标看起来不太对，但在那13秒内我什么也没说，我们用两个'GBU-12'[①]干掉了目标。"

恐惧开始蔓延。回到舰体上时，麦克道尔在大屏幕上看着袭击目标的镜头片段。炸弹没有击中目标，而是击中了一座房子旁边的车库。他看见了市民居住区的标志，并清清楚楚地看见了四辆自行车，其中有两辆还是童车。

此后从没有任何法律程序或海军调查来确认是否有、都有谁以及有多少市民和孩童可能已在这次袭击中丧生。但麦克道尔却背上了道德负担，他亲自开展事故调查的场景一次又一次侵入他的梦境。在2005年他被调到伊拉克的前夜，这一梦魇再次出现。梦中，他所轰炸的建筑莫名其妙地仍然

---

① 美国研发的激光制导炸弹。——编者注

存在着，但到处落满了灰尘，保温材料和电线零乱地挂着，各种木板散乱地堆了一地。那里硝烟弥漫，以至于很难弄清楚究竟谁还在建筑里。他渴望时间能倒流，好让他有时间把炸弹发射到空旷的地方。但现在已无可挽回。他清楚地看见一个小男孩蜷缩在角落里，身上落满了灰尘，受了很重的伤但还在呼吸。麦克道尔记得那副面孔，那就是他的儿子兰登（Landon）的脸。

"麦克道尔把那个男孩举到胸前，紧紧地抱着他，用双手从孩子脑后捧着孩子的小脑袋，支撑着他。然而孩子的后半个头颅已经不见了。"我所复述的这件事是从 C. J. 奇夫斯（C. J. Chivers）的《战斗者》（*The Fighters*）一书中摘录的，这并不是一起连带的杀戮平民事件，而是一起意外杀伤事故。连带性的杀戮事件在军事上被认为是必要的，或是消灭严重威胁时必须要做的事，为了消灭严重威胁或许还情有可原，但这类意外杀害事件与此不同，尽管它们在战争中屡见不鲜，却决不能被视为必要的或为消除威胁进行的杀戮而得以脱罪。任何军事利益都绝不可以借此实现，因为杀戮平民已经超出了恰当性考虑的范围。

但这样的意外在法律上或道德上仍然是有可能被原谅的——基于情报不足、敌军空中烟雾的意外遮挡、无可预测的飞行模式的变化或者云量等原因。这都构成了麦克道尔所面临的战争困境。然而无辜的受害者还是遭受了严重的误伤。作为投下炮弹的飞行员，麦克道尔背上了道德重担。根据他当时的计算，他有 10 秒多一点儿的时间来对目标进行调整。在这不多的几秒中，他越来越怀疑，但为什么他没有对自己的怀疑做出反应呢？噩梦不断侵扰他，他多么希望时间倒流，希望他能把炸弹投向别处。他对飞行任务的热情也日渐减退，他渴望知道究竟都有谁惨遭杀害，好让自己和军队可以补偿他们的家属。这是个令人震惊的军人道德创伤案例。在这个案例中，作战者无法自己为罪行开脱，虽然依据战争中的一般原则他可以免罪。

也许可以说这只是一个关于完美道德的夸张案例，尤其是对战士们来说，他们是在对错误零容忍的氛围中被训练出来的，他们的步枪要保持清洁，他们打击一个目标要使用昂贵的精准打击武器。很多士兵认为自己要"完全担负责任"，即使在他们本不应如此的情况下。从我几十年在军队教学的经验来看，有些人对待道德律令十分严苛，他们坚持在一种非黑即白的意义上判定善恶，然而战争世界中本就有太多的并不是非黑即白的灰色地带。

但如果将全部或大多数军事上的道德创伤都归结为心理上的反应过度，那么我们就忽视了更为宏大的道德图景。[8] 即使我们并不总能依赖自己的敏锐判断来精确地找出在道德上应当和不应当做的事情，但对那些在道德上还不至于麻木的人而言，伴随着道德创伤而经历的各种情感——内疚、羞愧、道德愤慨、怨恨、背叛、渴望弥补——都是在表达自己的道德期望。道德焦虑与我们想要变得更好、做得更好的心愿紧密相关，即便身处最为障碍重重的情形中或面对糟糕悲惨的境遇也是如此。当一个人来到战场，不论他是因为做出了特定的行动，还是因为在特定情形中无所作为，不论他遭受了损失还是仅仅目睹了伤亡的发生，如果面对战争的废墟，他未曾感到痛苦，那么我们就会怀疑他的人性。

那么根植于古典教谕的斯多葛主义能为现代军人的道德创伤留下空间吗？一个决心要通过坚守自律和美德来保持宁静的斯多葛主义者，能否给自以为的失败或真正的失败留下焦虑的空间吗？能对那些把战争当成儿戏并把无辜平民当作牺牲品的人感到愤怒吗？平民百姓能否学会原谅自己所犯下的错误，或者学会宽恕由自己引发的意外事件——它们更多来自厄运而非道德责任的败坏？

这些都不是反问句。作为一个教育那些在本土或要去外邦的、在役或即将服役的平民或士兵的教育者，我提出这些问题供他们思考讨论来教育他们。他们中有的人将不会在公共部门服役，而是以个人身份服务于工作场所、社区和家庭。对这些问题的回答对所有人都会产生影响：我们应该什么时候教授斯多葛主义的文本？我们是否在以正确的方式做教育？我们能否构建起这样一种健康的现代斯多葛主义，它既根植于古典智慧，又能容纳道德创伤和创伤后成长的可能性？

回到斯多葛主义的情绪与"道德进步者"

斯多葛学派并没有谈论过道德创伤本身，但他们谈过道德痛苦。他们教导说，这种痛苦在理想的有道德之人的人格形象中是不存在的。因为他们追随苏格拉底，认为唯一真正的悲伤是由不公正招致的，而这对真正道德高尚的人而言是不可能发生的。正如《申辩篇》（*The Apology*）中苏格拉底所教导的，一个真正的好人无论生死都不会被伤害到。

斯多葛学派详细地描绘了这幅充满张力的画面。厄运（包括丧失挚爱、身体或心灵受创伤，甚至被他人施以恶行）不会影响我们的幸福和真正的美好。我们不希望这样的事情发生，但它们经常找上门来，它们不在我们的掌控之中。而相反，我们自己不道德的行为却是可以被控制的。或者至少可以这样说，斯多葛学派是让我们将注意力集中在我们不受束缚的案例上。他们为圣人的行为确定了清晰的规范：根据定义，圣人从不会作恶。因此他们就不会有道德苦恼或道德焦虑这回事。

但如果你不是圣人，又会怎样呢？毕竟，能成为圣人的人凤毛麟角，几乎每 500 年才能出现一位。圣人是理想中的典范，但也许这个理想在我们这个不理想、不完美的世界中是不可能实现的。如果你是塞内卡说的像他那样的人呢？他认为自己是一个在道德上正在进步的人，向往变得更好但又为在真正有价值之事上做出的错误判断和所做的错事所困扰，而且还陷入与那些背弃自主和自治原则的当权者的纠缠。对很多人而言（尽管在当前的政治背景下可能并非所有人都是如此），当权者对自主原则的背离也许不会严重到王室阴谋的那种程度，比如死刑、下毒、流放或是基于事情的背景或现状隐约可以推断出的受迫性自杀。然而在不能彻底远离罪孽的情况下仍然保持对良善美德之向往的基本条件，就是那些一直以来都吸引着塞内卡读者们的东西（无论是在希腊化时期还是之后的犹太基督教时期）。而这在某种程度上也构成了斯多葛主义在军队中所具有的吸引力。因为军队的文化不仅关乎一种激进的进取主义，更关乎一种由权威带来的约束与管辖——他们挤压人的自主性、迫使人做出选择，但又在他们身后留下道德的废墟。

我们在斯多葛学派的哪类作品中能找到道德追求的线索呢？我们必须首先回到柏拉图那里。因为斯多葛学派文本的一个著名讲述者正是回溯到了这个场景之中。

阿尔西比亚德斯之泪

在柏拉图《会饮篇》（*Symposium*）的结论部分，在一次歌颂爱神的宴会上，阿尔西比亚德斯（Alcibiades）醉醺醺地闯入酒宴（这个道德上有所欠缺的军队指挥官曾将雅典出卖给斯巴达人），直接就向他钟爱的道德导师苏格拉底念出爱的赞辞。他坦白道，苏格拉底是唯一一个为他的错误行径竖起一面镜子的人，让他流下了羞愧的泪水。这种苦恼有时使他感到极度痛苦，尤其是当苏格拉底在他身边的时候。阿尔西比亚德斯说，那是因为在这种时候，"他总令我陷入难堪，你瞧，他使我承认我的政治生涯就是在虚度光阴，而那真正重要的东西正是我最为忽略的：那些需要我最为密切地重视的个人修养上的缺陷"。他袒露心扉："苏格拉底是这个世界上唯一一个让我感到过羞愧的人。"[9]他知道听他讲话的人是怎么想的，他说，"你们并不曾知道我还会感到羞愧，对吗？是的，是他让我感到羞愧"。

阿尔西比亚德斯是一个遭受苦恼折磨的灵魂。他并不是一个典型的意志薄弱的或亚里士多德所认为的那种"不自制"（akratic，或 Akrasia）的人——那种明知什么是应当做的却不这么做的人。[10]但阿尔西比亚德斯心中并没有那种牢固的道德原则，他所具有的道德原则有时就会被诱惑、自欺或其他类似的东西压倒。他是个非常矛盾的人，偶尔也会把脚尖踏入美德之河，尤其是在苏格拉底注视着他并做出评判的时候。然而，正如他所坦白的，他从来没有真正将自己投入到树立新习惯和与旧习惯彻底割裂的努力之中。荣誉和名声仍旧支配着他。他需要外部的督促和约束来使自己行于正轨。苏格拉底的形象已刻入阿尔西比亚德斯的内心，或者说在他的心中活灵活现。这种时候，他总能为他的"老路子"以及他"为了取悦大众"过于频繁地向欲望低头而感到羞愧。这就是一种对更好的行为的激励。

"阿尔西比亚德斯之泪"对斯多葛主义来说构成了一个挑战：我们如何来理解作为道德提升之组成部分的道德困扰呢？西塞罗讨论了这一挑战。他本人并不是一位斯多葛派思想家，却是斯多葛派文本的编辑者、校订者和保存者，也被斯多葛主义的思考方式吸引。西塞罗在他的《图斯库路姆论辩集》中主张，斯多葛学园三位希腊元老中的第二位克里安提斯，并没有足够严肃地对待这个问题："我认为克里安提斯似乎没有将这种可能性充分地纳入考量，那就是一个人可能会被那种克里安提斯本人视为万恶之首的极端事物困扰。"西塞罗随即针对《会饮篇》的一段篇章提醒他的读者："文本告诉我们，苏格拉底曾劝诫阿尔西比亚德斯，说他不值得被称为人，并且尽管他出身尊贵，却还不如那些体力劳动者。[11] 阿尔西比亚德斯随即十分失望，含泪乞求苏格拉底帮他消除可耻的品性，帮他培养道德高尚的人格。"正因如此，西塞罗敦促斯多葛学派让阿尔西比亚德斯的眼泪变得可被接受："克里安提斯，针对这些，我们怎么说？当然，你不会说引起阿尔西比亚德斯痛苦的情况实际上不是坏事吧？"

西塞罗之后在同一篇文章中再三强调了这一点："假设一个人因自己缺乏美德，或者说因自己缺乏勇气、责任感或正直诚实而感到十分失望，那么造成他焦虑的根源当然也是一种恶！"[12] 这是一种"朝向美德本身的冲动"，他说。西塞罗承认这可能是一种"过于强烈的冲动"，可能会击倒我们。他的治疗性建议不在于消除导致困扰的根源，而是要去控制其外在的表达。我们应该努力管理泪水和那种伤心欲绝的沮丧。如果关键根源或者造成困扰的对象是自己的恶行，那么我们应当抓住这个时机，把它作为实现道德追求的契机。这是朝向道德发展和道德修正所迈出第一步和所生发的首要冲动。

让我们回到科索沃飞行员的例子。也许在这一可怕的意外事件中存在某种过失。然而不论是否真的谈得上过失，莱恩·麦克道尔都认为自己有责任。所以同样，这些年来我采访和记述过的如此多的服役士兵也都认为自己应负责任，他们最后都从战场回来了而他们的战友却再也回不来了。他们认为自己应负道德责任——因为简易爆炸装置（IED）炸毁好朋友的那辆军车时他正好在休假，因为叛军第二次瞄准时他正好蹲在房顶上而不是站着，抑或是因为他允许了战友从悍马军车里出来并去一个布满地雷的地方解手。幸存者的愧疚感和对偶发事件的愧疚感使他们认为应该为一些时间上的巧合负道德责任，虽然在那些事件中，从因果关系的角度来看，他们并不负有责任。这就是服役士兵扛起照顾彼此的重任的方式。这种愧疚也许与良好的品格和关心是相称的。他们所感受到的不仅是悲伤，而且觉得本可以不这么做。能动性此时就会来填补这个可怕的空缺。但同样，这种自我谴责还是有些过分严苛和不公。在这种情况中正确的治疗方式包括在能动性和责任之间重新划定界线。在这种情况中，放手就意味着理解了掌控的局限性。

自我同情也许不得不通过他人才能实现。正如我们在之前的章节中看到过的，这也就是塞内卡在其《疯狂的赫拉克勒斯》中竭力主张的。这对很多在役人员而言也是关键的教益。

让我们看一下发生在伊拉克的检查站事件。一辆汽车上有两个兵役年龄男性和一个孩童，它在接近一个人口密集的美国大型军事基地和军火库的一系列检查站时，并没有在第一个关卡停下来。这辆车很快又挤过了另外两个关卡。在这两个关卡，它都没有表现出任何要减速的迹象或者发出任何提示哨兵注意的警报。随着汽车开过这些关卡，坐在前排客座的那名男性伸手去拿座位底下的东西。这个乘客抬起头直起身后，他好像正抱着一个在最近的事故中常见的爆炸装置。车刚开过第三个关卡，哨兵就朝他们开了枪，杀死了车上的所有人，而事实上，这恰好发生在爆炸物被引爆前的几秒钟。哨兵在考虑自己应该做出何种抉择时，他知道这一枪可能会杀死那个小孩，但他也知道，在第三个检查站之前他们曾多次警告司机并克制火力，他自己在此过程中冒了相当大的风险，以便在保证基地安全的同时尽量减少给儿童和车里其他无辜人员带来的危险[13]。

这虽是一个虚构的案例，但与我听说的那些案例没有什么不同。即便那个无辜的孩子被当作挡箭牌利用，那个士兵还是会因做了在他看来不可思议的事情而感到极度内疚——他毕竟杀死了一个孩子。但是，根据战争中的义务，他这样做是无可避免的。作为一种规避杀害行为的方式，他的自我牺牲只会导致基地中更多的士兵死亡，还会使未来任务所需人员配备和物资供应被破坏。

同样，这个士兵的愧疚尽管似乎是恰当的，但仍然是过分苛刻的。这正是战争中许多道德创伤的残酷现实。这种针对自身的反应态度正是我们希望士兵们具有的，不论是感到羞愧、愧疚、道德困扰，抑或是伴随杀人行为而来的一种道德上支离破碎的自我感，尤其是当杀害被困战区的年幼无辜者时。这就是他们对自己尽职地使用致命武器的行为负责的方式。[14] 当面对战争中他人的死亡时，他们应当感受到的不仅仅是悲伤。他们合理恰当地将自己视作能承担责任的主体，并且，对很多人而言，正义的杀害与非正义的杀害之间的分界线是脆弱的，并且也在不断地变化着。

但即使如此，那种自我谴责仍可能是苛刻的，它太具有惩罚色彩，并且无止无休。用一种人际间的视角来观察能使这一点更为明晰。在类似的检查站意外事件中，一个士兵不会谴责另一个士兵。他可能会为他辩解，或者阻止自己谴责他，对他在那种情况下被迫做出的无可避免的行动表示理解。相似地，另一个人也许能成为一个仁慈的劝导员，帮助他看清那些他自己看不到或感受不到的东西。同样，这也是塞内卡在《疯狂的赫拉克勒斯》结尾部分所描绘的图画：安菲特里翁克制住了怒火，没有因儿子赫拉克勒斯被迫杀死了他的家人而责备儿子；赫拉克勒斯的密友忒修斯也拒绝责备他，并恳求他"用你英武的勇气"[15] 来摆脱对自己的愤怒。

然而，我们不会轻易地让一切就这么"过去"了，就像我们力求别人做到或者别人力求我们做到的那样。在检查站事件的例子中，士兵把他的所作所为视作道德上不可思议的，这似乎完全是正当的。的确，我们希望士兵能在真正的军人行为中保留一些平民百姓灵魂中的良知。但我们也希望帮他们找到缓解或解除那种恰当的内疚的方法，这样他们所背负的担子对他们来说才更公平些[16]。同样，根据塞内卡的教导，这也是应当引入他人的看法的地方。即使我们有时候以自责、羞耻和痛苦来激发德性，但当我们涉及自身的态度过分紧绷或者过分苛刻的时候，我们就需要有人对之进行修正。他人的善意与友好、他们的宽容甚至有时的仁慈，都是我们培育自我同理心所需要的，而自我同理心对我们的坚韧品格而言也是至关重要的。

塞内卡恳求仁慈

若犯下错误，而后再做一个道德上进者寻找前进的道路，这样的观点在塞内卡写给尼禄的文章《论仁慈》（*On Mercy*）中表达得最为明确。塞内卡说，他写这篇文章是要为尼禄竖起"一面镜子"，以让他更好地看清自己的道路。而这面镜子也是塞内卡给自己竖的。作为宫廷的公众发言人，塞内卡也是在表达广大群众的期望，那就是暴君要以某种方式表现出克制，尤其是当尼禄刚刚为了阻挠他同父异母的兄弟布列塔尼库斯（Britannicus，时年 14 岁）对皇位的觊觎而将之杀害以后。这篇文章的姊妹篇是塞内卡的戏剧《特洛伊妇女》（*Trojan Women*）。在上面提及的文章中，我们看到了对仁慈的承诺，而在这部戏剧中，我们则看到丧失了仁慈的战后世界变成了一片废土。

在文章中，仁慈在这个人性脆弱的世界里被视为一种高尚的美德。它并不是原谅，不是"对所应受的处罚的豁免"，而是"对苛刻惩罚的宽容"。[17]它是"选择不做那本可能理所应当地被施加的东西"。它是停手，是对报复的怒火加以克制和平息，是承认大多数控告者也无法摆脱所有的指控："我们都曾违反过戒律——有的是在严重的事情上，有的是在无关紧要的事情上；有的是出于故意，而有的是受偶然冲动驱使，或是因为盲从了他人的恶行；我们中有些人还未曾足够坚定地坚持良好的决心。"[18]即使我们在道德上已经变得完美了，我们也是经由一路走来所犯过的道德错误才到达这种程度的。对道德进步而言没有不犯错的路径。

仁慈实现了斯多葛主义更为温和的一面，而批评者却对此视而不见。塞内卡反对道，批评者们只看到了斯多葛主义所进行的坚毅苦行。斯多葛式的道德老师，正如一个好农民（或是一个好酿酒师傅，就像在其庄园里劳作的塞内卡）那样，总是准备依据作物对营养的需要来调整土壤、给长歪的树加上支撑、修剪旁边的树的枝杈以便那些被阴影遮挡住的矮枝能重见阳光。[19]同样，道德指导也是这样一回事——温和地培育并展现出宽容的意愿，即使在一种对规则和规范更为严格的解读下施加严苛的惩罚可能是正当的。

这就是在塞内卡《特洛伊妇女》的结尾场景中安德洛玛刻（Andromache）向尤利西斯（Ulysses）所作的申辩。尽管取得了胜利，希腊人却发现自己再一次陷入了困境，没有合适的风让他们起航。按照熟悉的剧本，希腊占卜师卡尔克斯（Calchas）的建议是献祭赫克托耳和安德洛玛刻所生的小儿子阿斯蒂阿那克斯（Astyanax），还要献祭普里阿摩斯（Priam）和赫卡柏（Hecuba）年幼的女儿波吕克赛娜（Polyxena），她作为阿喀琉斯在战争中赢得的新娘，被他的儿子皮拉斯（Pyrrhus）在他坟前代为杀死。后代必须背负他们父辈所犯下的罪责。阿喀琉斯的亡灵杀害了他年幼的新娘，而尚且年幼的小男孩也无法成长为一个可以重燃新一轮特洛伊战火的战士。

未来的特洛伊战士男孩必须面对他的命运。他的母亲安德洛玛刻却为了保护她无辜的孩子而与尤利西斯永恒地斗争着。她把儿子藏在她丈夫赫克托尔的坟墓中，那里不但安全还可以免遭敌军的毁坏。她祈求尤利西斯能仁慈善良地对待她，她是战争的人质，也是一位母亲，孩子是她唯一的安慰。她恳求道，这个小男孩不会带来任何威胁，他太小了，没有任何力量可以让他回来将城市重新武装。他可能会有皇族身份，但现在他几乎和奴隶一样：就请给他的"皇族之颈"套上枷锁吧[20]。

安德洛玛刻抗议道，杀死这个男孩是战争的罪恶，这种暴行并不会被归于神,而是归于尤利西斯自己。但一个意欲复仇的希腊战士无法克制住这种冲动。正如塞内卡所教导的,愤怒一旦开始就无法中止。"我也希望我能仁慈,但我做不到。"[21]尤利西斯回应道。你来我往的战争会一代代地持续下去,不断突破自身的底线。一旦战士的愤怒得到激发,就一发不可收拾。因错误或复仇而被杀死的无辜孩童,都是战争的牺牲品。尤利西斯这个诡计多端的战士和狡猾的军事家,一旦战斗状态在内心占据上风,他就找不到方法展现他的仁慈。

我们接着就看到了暴怒所造成的令人震惊的后果:一个小男孩被迫走下陡峭的悬崖,那里曾经是他的祖父普里阿摩斯瞭望塔的所在地。男孩的躯体随坠崖所带来的冲击而支离破碎,他的尸体已血肉模糊,破碎得就好像遭到了炸弹袭击一样。希求宽容的请求,希望胜者克制复仇的欲望的请求,孩子们是战争受害者而非贡献者的提示,还有已成亡灵的战士新郎的无能为力——所有这一切都提示着我们尽管战争所带来的侵犯已经结束,但这一切都阻挡不了无情的愤怒之手。

我们可能认为对一个追求平静的道德学家来说,这是一出奇怪的戏剧。但或许也算不上奇怪,因为关于过分的惩罚和战争中难以控制的巨大复仇冲动是一个警示性的故事。但它也涉及面对过分严苛的惩罚时所应具备的宽容,不论是对外部敌人还是对内心敌人的惩罚。为了母亲和孩子，但同时也为了他自己和他的军队，我们希望尤利西斯可以听到这些为仁慈所作的辩护。因为他可能会因为自己对无辜者做过的事而感到内疚，他的士兵也会如此。这种内疚也许会经年累月地折磨他们，并且演变成下一场令人恐惧的特洛伊战争，只不过这次是一场内心的战争，一次又一次永不停息地斗争着。

当然，仁慈远比愤怒更令人难以把握。它是需要训练的：首先你必须克服愤怒。所以治愈的可能性就出现了。内疚是自我愤怒，而自我仁慈（self-mercy）也许就是它的解药。

为自我仁慈辩护

让我们回到海军飞行员莱恩·麦克道尔的例子上。官方没有对发生在科索沃的意外事件做出过任何调查。我们无法获知麦克道尔是否本有可能通过遵守更完善的程序来避免这次意外事件的发生。我们只知道，麦克道尔毕竟也是他自己的法官，他已经在脑海中过电影似的重审过那个场景了。当他检查出版商奇弗斯（Chivers）在打字稿中引述的他的话的准确性，并且随后开始阅读那本书并检查当中奇弗斯所叙述故事的准确性时,也许,他也在重审他脑中的那个场景。

麦克道尔描绘的图画与塞内卡在阿斯蒂阿那克斯之死中所描绘的图画十分相似——年幼男孩的躯体血肉模糊,无辜者在战争中不堪一击。站在这位海军飞行员的立场上,我们渴望他的自我惩罚能缓和一些,有一些仁慈和自我同情力让他从由困扰所招致的激动情绪中跳脱出来,同时又不至于丧失痛苦中的道德意涵。我们所希求的是对自我的仁慈。我们希望他能设想一下他是否会像责备自己一样严厉地责备别人,以此来放松由他的内疚感引起的激动情绪。他的直觉也许是恰当的,却也是残酷无情的。就像我说过的,我们追究自我责任的方式和追究他人责任的方式之间常常存在着不对称性,尤其是在军人的道德创伤情形中:对自我的谴责也许远比对那些挡住机身的人的谴责更为苛刻。而这也就让我们看到了治愈的路径:我们需要对自己表达在相似情形下我们对别人所表达的那种同情——或者以我们所想象的别人对待我们的方式来对待我们自己。有时候,旁观者的仁慈品性需要被纳入道德自我。[22]

这同样也会带来政治学上的教益。如果我们不上战场而让他人代我们出战,那么我们就要为战争担负更大的责任。我们需要付出更多努力进行研究,以弄明白哪些引起战争的根源是正义的和值得我们牺牲国家最宝贵资源来进行战斗的。

作为宁静心性的代言人，塞内卡是复杂而矛盾的。有时被标榜为良知的东西也许是无心之举，甚至会与良知相冲突。他渴望朴素和宁静，但同时又被充满了高风险的权力和等级制度纷繁复杂的世界深深吸引。现代世界里的士兵（他们中很多人都奋战在前线和紧急救援的工作中）也生活在复杂的道德世界中——他们追求卓越但又工作在对其自我控制力施加了极大限制的体制中，持续地面对着那些考验他们的判断力和克制力的挑战。在这样的环境下遭遇道德创伤绝不会令人感到奇怪。但我所呼吁的塞内卡式教益在于，这样严重的创伤可能为道德进步和恢复平静铺平道路。如果将斯多葛主义解读为对"良好"道德困扰可能性的绝对舍弃，那么也就忽略了塞内卡可以为现代坚韧品格带来的更为深刻的教益。

未知艺术家,马可·奥勒留,约175年,铜制
卡皮托利内博物馆,意大利,罗马

第 7 课

生活诀窍

从染料到织物

传说基蒂翁的芝诺是一个经营染料的商人。[1]当他平安抵达雅典时,他和那装载着紫色染料的船只已经在爱琴海上遭遇过海难了。他漫步到一家书店,偶然读到了色诺芬对苏格拉底的描述,立即就想在市集上寻找并求学于一位像苏格拉底那样的老师。不久之后,他就在绘有图画的柱廊那里聚集起一群自己的门徒,并且还发展了一批追随者,他们的称号就取自他们集会的地方——斯多葛(即希腊语"柱廊"的音译)学派。让我们把时间快进到两千年之后。

另一位商人远离了纺织物市场，偶然读到了爱比克泰德、马可·奥勒留和塞内卡的作品，他通过每日群发的邮件和一个能够向成百上千人传递信息的网站，在虚拟的柱廊里将追随者们聚集了起来。这位斯多葛主义的营销人就是瑞安·霍利迪（Ryan Holiday）。[2] 他是美国服饰（American Apparel）的前市场主管，也写了很多教人寻求宁静的畅销书，包括一本关于公共关系的入门书《增长黑客营销》（*Growth Hacker Marketing*）。

经由霍利迪和其他人的启发，斯多葛主义的理念作为一种"生活诀窍"已像病毒一样蔓延开来，企业家和亿万富翁、个人训练师和教练、程序员和教师纷纷转向斯多葛主义来寻求生活的诀窍，以此重整价值观、消除压力。但生活诀窍到底是什么呢？我先生马歇尔·普雷瑟（Marshall Presser）从事计算机行业工作比大多数人都久。作为一位科技作家，他知道什么是"黑客行为"（hack）、什么是"黑客"（hacker），也知道什么是"黑入系统"（hacking into a system），但他不知道什么是"生活诀窍"（lifehack）。于是，他从书架上抽出了一本做过标记的书，这本书之前被放到了和很多大数据手册紧邻的位置上：一部 1991 年修订的《新编黑客词典》（*The New Hacker's Dictionary*）。我们先浏览了下面这个词条：

黑客行为：

1. 名词。起初是指那种虽然能产出所需要的产品，但并不产出良好产品的快速工作[3]。

简单来讲，这是一种解决问题的应急之措，虽然粗劣，但有效。接下来的一个定义给出了一个更为积极的解释：

2. 名词。指一份极好的、也许十分耗时的工作，这种工作恰好能产出所需之物。

但1991年修订版的书中并没有"生活诀窍"这个词条。这个词似乎在2004年于圣地亚哥举行的奥莱利新兴技术大会（2004 O'Reilly Emerging Technology Conference）上，就已被科技记者丹尼·奥布赖恩（Danny O'Brien）创造了出来，他用这个词来形容那些高效的IT（信息技术）专业人士用来完成工作的捷径。到2005年，这个词席卷了技术和博客社区，在美国方言协会（American Dialect Society）所评选的"年度最好用词汇"榜单上，它仅次于排名榜首的"播客"（podcast）一词而位列第二。到2011年，"生活诀窍"一词被添加进了权威的《牛津在线词典》（*Oxford Dictionaries Online*）[4]。一则"生活诀窍"意味着一条应对生活挑战的捷径。

那么斯多葛主义是不是"生活诀窍"呢？古代斯多葛

哲学家给出了管理情绪压力和情绪负担的策略，从这个意义上说大概算是。罗马的斯多葛哲学家简化了实践的方式，使其更易被公众接受。蒂莫西·费里斯是一个天使投资人，也是一个播客写手，同时他还写出了畅销作品《每周工作四小时》，他也会求助于斯多葛主义，因为对克服焦虑和无力感而言这是一种简单而有效的实践，这一点不足为奇。他认为霍利迪的书《反障碍》（*The Obstacle Is the Way*）就是"生活黑客"们的必读书目。

2017 年费里斯做了一次 TED 演讲，当时有超过 700 万人观看。[5]他当时再次提及斯多葛主义那种对将会降临的厄运进行预演的技巧。正如他所说的，这种技巧可以帮我们解决那些有关"最害怕去做、去问、去说"的事情的艰难选择。他称这种技巧为"畏惧设定法"（fear-setting），要用它来取代常用于商务计划和策略的"目标设定法"（goal-setting）。这种方法十分具体，而且也体现在了记录于硅谷白板上的头脑风暴的内容中。但其目标是提升自我健康而非群体健康。他建议观众们把 1 页纸分成 3 栏。在第一栏中尽可能详尽地按照从 1 到 10 的顺序列出有所畏惧之事，让最糟糕的情境展现在眼前。在第 2 栏中，紧挨着每一桩所惧之事，写出为了防止这些坏结果的出现可以做些什么，也要写得尽可能详细。在第 3 栏中，写出如果无法防止坏结果的出现，那么针对所遭受的损失可以做出的补救是什么。简而言之，要了解你将与之战斗的敌人，要尽力防止最坏结果的出现，并且如果你的防范措施没有达到效果，那就要集中精力走出困境。

正如我们在第 3 课中说的，希腊的斯多葛学派将这种前瞻性的策略称为"未雨绸缪"，即以生动的方式想象未来可能发生的坏事，就像它们正在发生那样。他们建立起了这样一种生活手段的模型："好像你自身就将那幅描画着未来将要发生之事的图像消解了……你慢慢地熟悉它，让它变得像那些已经发生过的事情一样。"[6] 如果事先的防范手段没有达到效果，那么就要转而去寻找应对的方法——学着区分和接受那些你可以控制的事和那些你不能控制的事。爱比克泰德在《手册》的开篇就谈到了对控制的二分："有些东西取决于我们，而有些东西并非如此……如果碰到了一件并不取决于我们的事情，那么就要做好准备去说，'这跟我一点儿关系也没有'。"[7]

对费里斯来说，他早就有所畏惧的事情是，他想从令人狂躁的工作日程中抽出时间去伦敦待一个月放松一下，将自己从业务的瓶颈中解放出来，但是这会带来不利影响。正如他所分析的，他最大的担忧在于，如果去了伦敦，那么那里阴雨连绵的阴冷天气会使他感到忧郁，以至于计划中将要在那里进行的积极健康的休息也会落空。他的第二点担忧在于，他有可能错过来自美国国家税务局（Internal Revenue Service，简称 IRS）的信件，并因此遭到审查或搜查。他会比离开时遭遇更多生意上的麻烦。在防范手段那一栏，紧挨着有关糟糕天气的第一条担忧，他写道，他可以带上一个便携蓝光台灯，每天早上打开 15 分钟以避免抑郁发作。第二点担忧通过留下转寄地址的办法很容易就能解决，IRS 可以直接将纸版文件寄送到他的会计师那里。但接下来就要填写第三栏："补救。"如果那些最糟糕的情况就是发生了呢？他会怎么做？费里斯并不缺钱，如果他在伦敦抑郁症发作了，那么他随时可以飞去西班牙享受明媚的阳光——英国人都是这么做的。关于 IRS 信件丢失的事情，他可以雇用一位在这类案件上有经验的优秀律师，这样便可弥补损失。

据估算，费里斯拥有约一亿美金的净资产。[8] 他遇到的麻烦都是那些权贵精英们才有的烦恼。"有的麻烦"也许会引得我们当中的很多人窃笑。这些麻烦都是由他的巨大成功所致，而他现在也正在从这些成功中获利。他的目标听众是那些中产阶级的白领职员，他们受困于狭小的房间，做着那些无止无休又完全无法令人满意的工作。他们不像费里斯那样有钱，也无法采取费里斯的那些解决方法。

但费里斯对斯多葛主义的兴趣却不仅仅与企业家们有关。在 2017 年所做的 TED 演讲中，他分享了他患双向抑郁症的经历，他在普林斯顿读大四的时候曾一度有自杀倾向。他在演讲时多次提到要克制自己高速运转的"心猿"

（monkey-mind），以解决抑郁症发作之威胁。在这个过程中他似乎一直都在控制他的抑郁症状。他的情绪高潮和情绪低谷可能比我们多数人经历过的那些更为极端。但他的话仍然具有说服力，这部分是因为他了解情绪以及由情绪带来的心理波动。他知道如果不对沮丧、恐惧加以管理会付出怎样的代价，也了解如果对它们放任不管将会面临的那种无力感。这里可传授的教益并不在于斯多葛主义是一种基于经验的治疗双向情感障碍的方法。如果费里斯要在这个路径上误导我们，那么他就是一个危险的兜售者或江湖骗子。但我认为在精神疾病及其严格的医学治疗方面，他并不是一个想法幼稚的人。一种更为包容的解释在于，他发现斯多葛主义是一种能使人们重获力量的实用哲学，并且他知道应该如何将之推销出去。

生活诀窍：谁的善？

古代的斯多葛主义之所以有这么大的吸引力恰恰是因为它对自制和内在自由有所承诺。这一点而言，爱比克泰德的作品和生平当属典范。他是尼禄王朝长官以巴弗提手下的奴隶。爱比克泰德教导道，如果当真存在着自由，那么它存在于人们的心中。暴君、流放以及强迫自杀都使人们将关注点转向内心。罗马帝国的历史中写满了对阴谋的指控以及对权力进行反抗所付出的代价。这些教训都值得现在的我们引以为戒。然而彼时以及当下内心的退避，都是在避免威胁，而不是去设法解决威胁。生活诀窍在这个意义上也许就是自私的：他们不认为存在于世界中的外部问题是需要解决的。这些手段也变得只与自我相关，因此那种无私的勇气也就不复存在了。

这不可能是古代的美德所做出的全部承诺。从苏格拉底开始，美德就绝不只与自我和自我节制有关，美德也关乎他人以及我和他人慷慨正义的相处之道。在柏拉图那里，正义的灵魂要映照出正义的城邦之品质。在亚里士多德那里，伦理学是建立在更大范围的社会和政治对话的语境中的。他主张，勇气必然表现为面对恐惧时"为了追求那些美好的东西"而毫不退让。他说，最美好的东西不仅在于个人的良善，更在于共同的善。"尽管只为一个人而达成目标是有价值的，但为了一个城邦而达成目标则是更好的且更接近于神的。"[9]斯多葛学派将讨论范围从城邦拓展至宇宙。他们对建立一个地球村以及对之进行约束的各种关系和义务怀有早期的愿景。不论是过去还是现在，道德良善的理想都关涉如何共享我们的人性以及共同理性的承诺。美德不可能仅仅涉及以退避的方式寻求宁静。

这一切在今天仍然大有用处，美国已从面对奴隶制残余时的那种退避中醒来。疫情的蔓延和被明尼阿波利斯警察残忍杀害的乔治·弗洛伊德都成了社会动荡的催化剂。一种新病毒向我们揭示了那些数十年来惨遭种族主义之旧病毒荼毒的人们是如何被不协调地杀害的，在这个意义上，这两件事是有关联的。[10]

菲利普·奥祖亚（Philip Ozuah）是纽约布朗克斯区蒙蒂菲奥里保健中心（Montefiore Health System）的董事长，[11]他了解这些关联，并且他自己就处于与它们的斗争中。在一篇感人的评论文章中他写道，在2020年的3—5月，尽管他们已经用尽全力进行救治，但新冠病毒还是夺走了他所在医疗中心超过2000名患者和超过20名工作人员的生命。流行病的病例数量一有所下降，他就不得不赶去处理另一场可怕的危机，那就是"种族主义所带来的致命后果"。作为一个黑人，他写道，这些后果所带来的痛苦"对我来说都历历在目"。也正因此，他在看到埃米·库珀（Amy Cooper）的视频时感到了极度的悲痛。埃米是一个白人女性，她在中央公园拨通了911电话，向调度员重复了三次，"一个非裔美国人现在正威胁着我的生命"[12]，而这实为诬告。那个黑人男性叫克里斯蒂安·库珀（Christian Cooper），跟埃米·库珀没什么关系，他的脖子上挂着双筒望远镜，是一个57岁的鸟迷，当时他正在礼貌地提醒埃米用绳子拴住她的狗，这也是公园的规定。这就是挑衅性事件。而这起意外就发生在乔治·弗洛伊德被杀害的几个小时以前。

奥祖亚知道发生在公园的这次争执可能被如何加以编排和利用，也知道接下来可能发生什么。在他自己的经历中，有色人种对那些发生在他们身上的事再熟悉不过了，他们走在白人社区，奔跑着赶公交车，警察"不问青红皂白"，直接就会让他们举起手来，"转过身去，向后走"，手指交叉放在脑后，接着接受搜身。

科里·布克（Cory Booker）是现任参议院中任期最长的黑人参议员，他也生活在相似的恐惧中。[13]"我不穿成参议员的模样时，我仍然会保持谨慎，甚至当我穿着参议员的服装时，还是可能被错当成一个从恶劣的意外事件中逃跑的人。"他说，他对此感到羞耻和深切的遗憾，在罗德尼·金（Rodney King）被洛杉矶警方杀害的30年之后，他还是不得不对年轻的学员们说同样的话，告诉他们出于安全考虑，要学会对警察有畏惧之心，就像在他十几岁的时候大人们对他说的那样。他不得不以同样的"应对机制"教导年轻人。

爱比克泰德主张"事情的关键不在于什么事发生在了你身上，而在于你如何应对"。但这样的应对机制对反抗压迫来说并不是一种永恒的或足够可靠的解决方法。如果现代的斯多葛主义致力于消除那些无效的恐惧，那么就必须设法在很多层面上对恐惧做出应对行为，比如奥祖亚和布克的恐惧，那是一种在面对由地位和权力的丧失所致的集体性恐惧时所要做出的反应；又比如由白人和黑人警察都信奉的文化所带来的恐惧，那样的文化以通过战士的作战力将人置于死地为追求，邪恶而令人感到不安。

现代版的斯多葛式自制能助人进步。作为一种生活诀窍，斯多葛主义给出了一种前瞻性的技巧，帮我们对那些常被忽视的习惯和冲动性的反应做出预估，包括我们看待事情的方式，以及那些由我们看到的东西所激发的近乎自发的情绪觉醒。那些或隐或显的偏见增强了我们对威胁的感知以及冲动反应。斯多葛学派的一个著名教导是，我们可以学着在感觉印象，甚至是"冲动的印象"（impulsive impressions，或 hormetikai phantasiai）以及我们对它们的接收活动之间留出空间，尤其是当那些感觉印象扭曲了或者将要编织出一幅错误价值图景的时候。

种族定性以及所有形式的内隐偏见都是在直接接收感觉印象，却没在感觉印象和对它们的接收活动之间留有丝毫空间。那些人脸识别系统[14]更是一种推行种族定性的高科技手段，其功能的实现依赖于人脸图像和很少会"删除"无辜者信息的罪犯数据库。有些测试程序极力尝试在黑皮肤的脸庞间做出区分，它们都以极易扭曲事实的虚拟方式将那些感觉印象直接接收下来。

在《论愤怒》一书中，塞内卡主张"养成习惯与持久的注视有助于减少"[15]那些近乎自动的反应。他深知自动性可以救人于水火。我们天生地适于快速反应的情绪（fast track emotions），以快速地对生存面临的威胁作出反应，这是很有道理的。这些都是"幸运的心理冲动"，塞内卡以其近乎异常的洞察力写道，"因此即便是最勇敢的人在穿上盔甲的时候也常面色苍白，即便是最勇猛的士兵也会在战斗的信号发出时双膝微颤"[16]。这些就是我们现在所知的自主神经系统做出的逃跑−战斗反应，它使我们对感知到的危险做出快速反应。塞内卡写道，这些不自主的运动或许需要被监视和有意识地介入，这样我们就会有空间做出更多经过"深思熟虑的决定"[17]。

塞内卡是心理学家和决策理论家丹尼尔·卡内曼（Daniel Kahneman）的引路人。卡内曼提出假设，认为我们的大脑中有两个系统，其中一个系统自动地进行那些没有自主性或只包含极少自主性的控制，而另一个系统则需要付出更多功夫，它与做出选择的活动以及那些更为重要的分析活动相关。正如他的名言所说的，我们在生活中"思考时快时慢"[18]。当认知上的错误偏见以及快速思考的结果将我们置于被不理智的恐惧操控的风险之中时，我们就需要调动自己的专注力。

那些可敬的警察和兵役人员奋战在暴力事件的前线，他们不得不在受威胁时做出快速反应。但同样是这些快速的反应，有时就会成为防御壁垒，使他们与正义行为隔绝开来（不论是在战场上还是城市的街道中）。在使用致命武器时，他们也就走上了以过于冲动的方式接受感觉印象的道路，没有丝毫的勇气来对之进行克制。

马拉松，抑或冲刺？

在另一个时间和时代里，也就是 20 世纪伊始，弗洛伊德将对恐惧的避免（也包括对恐惧闭口不谈的行为）视为一种拒绝。拒绝是一种普遍存在的防御机制，用来抵御那些令人不安的事件、感觉或想法。我们会采用各种各样的抵御手段，比如将不安投射到他人身上以免自己受内心矛盾的折磨，或者在奇幻的想象中通过否定现实来以魔法般的方式战胜那些或许太难面对的事。这种手法已是老生常谈了。也许只有在类似下面的情形中，我们的不安才被成功地缓解了些许，那就是通过谈论生理症状来描述[19]这些不安，而被描述的症状正是我们愿意将其划归到纯粹的生理疾病里的那些。

弗洛伊德主义影响下的精神分析式的心理疗法更像是一场马拉松，而不是一次冲刺。它不是黑客所采用的那种捷径。它意味着对过程、时间和金钱的投入，可能会带你回到童年时代或父母身旁，也会让你跟随治疗师回到此刻在这个房间发生的事情里，就好像在屏幕上观看你是如何对它们进行感知的，以及你是如何观看自己感知它们的。你在一个远离家庭紧张关系的安全的空间观看自我。你培养出了一个"静观的自我"（observing ego）。它的原型就在苏格拉底那里："认识你自己。"这就要求我们进行交谈。正如弗洛伊德早年间在维也纳的两个著名患者安娜·欧（Anna O.）或伯莎·帕彭海姆（Bertha Pappenheim）的案例里所命名的，这是一种"交谈疗法"（talking cure）。

而现代斯多葛式训练中的生活诀窍则是另外一种模式。它是一种行为疗法，首要的关注点并不在交谈，而在改变积习所采取的行动和具体步骤。但它仍以交谈为起点——说出恐惧、记录沉思，就像奥勒留在战场的夜晚所做的那样。这是认知行为疗法的一种早期形式。斯多葛式训练试图以一种不可思议的方式加速改变，这种方式就是经年累月、每周 4 次、每小时 50 分钟的精神分析式的心理疗法。

但现代斯多葛式的建议与传统心理疗法仍然有同样的自我探索的目标。正如很多被斯多葛主义吸引的人一样，费里斯与斯多葛主义结缘也是因为在人生旅程中遇到的一次关键的转折。很多人转向斯多葛主义是在经历了痛苦的崩溃或是工作、生活危机而获得了个人成长或自我转变之后。当所身处的境地已经不再使其感到满足时，他们就想要寻找意义。"离婚使人遭受打击。"杰夫·勒施（Jeff Loesch）说道。勒施 57 岁，是个高级技术顾问和基础架构师，他有过一段痛苦的离婚经历（在结婚 19 年之后）。离婚之后的第 4 年，他在公司收购中丢掉了已经干了 17 年的工作。在一次商业社交活动中他结识了一个生活教练，之后他让自己也成为一个生活教练并取得了证书。几年之后，他在霍利迪《每日斯多葛日报》（*The Daily Stoic*）一书的沉思中偶然了解到古代和现代的斯多葛主义思想，他还开始浏览一些其他的线上斯多葛主义的网站和播客，比如西蒙·德鲁（Simon Drew）的播客《实践的斯多葛主义者》（*The Practical Stoic*），[20] 我就是在那里遇见他的，当时我作为特邀嘉宾接受采访，而他是听众之一。

　　西蒙·德鲁本人辞掉了澳大利亚黄金海岸一家健身房的工作后，转而几乎将所有时间都投入了这个播客节目的主持工作。最初使他对斯多葛主义产生兴趣并且走上现在这条路的正是费里斯的播客。如今，年近 30 的他已经不再是一个读者了，他读过许多主要的罗马斯多葛学派著作，甚至涉猎过第欧根尼·拉尔修写下的那些十分有趣又时而八卦的文字，比如那些古代人物的传记。在他家录音室的复古收音机麦克风后面，古代文献已堆积如山。德鲁的教学风格以清晰的斯多葛文本为依托，那些关注德鲁播客的人都被这种风格吸引。德鲁在宗教上，是被作为一个摩门教徒抚养长大的，他深知要诉诸文本，也要熟记原文并引用它。他的播客邀请的嘉宾既有学者，也有实践者。真正吸引众多关注者的是古代斯多葛主义的整体观念，它给出了一种高度实践化但仍然历经了时间考验的洞见，那就是通过涵养美德来寻求平静。

然而压力并不总是只与自我有关，也不总是与那些我通过自我探索能解决的问题有关。压力源于人际关系以及人际互动中的内外合力，源于时而运转正常时而功能失调的家庭生活[21]。在商业世界，压力源于运转不良的组织和程序，源于向客户做出了太多的承诺但以过时的工具和不足的人手却无法完成。对军队中的人来说，压力源于良知和职业矛盾的深化。在一个肤色、阶级和技术分化严重的国家，压力源于系统性的不公和经济不平等；压力源于人身安全、健康安全、食品安全等的缺乏；压力源于对警察的恐惧，源于对内部或外部的改革反应迟滞的地方警察系统。精神压力不是仅由我自己造成的威胁。如果斯多葛主义要给出关于现代坚韧品格的可靠教导，那么它就不可能只教导我们远离所能控制之事的界线，并让界线定格在我们发现它的地方。我们时常不得不挪动这条界线，以使事情之是然不再是其必然。

但挪动这条界线谈何容易，这么做可能引起关于保护和风险的艰难讨论，就像美国国家公共广播电台（NPR）在乔治·弗洛伊德之死发生几天后所播出的一段母子对话那样。肖恩·理查森（Shawn Richardson）是个 17 岁的跑步爱好者。

对肖恩来说，在跑道上跑步让他感到自由。[22]"胜利。奔跑。一切。我的意思是，我热爱与之相关的一切。"但是随着学校因新冠疫情而关闭，跑步活动也就随之取消了。现在，他去跑步就意味着要在没有白人朋友们保护的情况下独自奔跑于明尼阿波利斯的街道上，但他觉得这么做是理所当然的。他和他的朋友之间并不真的有那么大的区别——他只是一个热爱跑步的人。但现在肖恩不得不直面危险了，他的母亲，明尼苏达州的议员鲁斯·理查森（Ruth Richardson），也不得不直面危险了。他们住的地方距离乔治·弗洛伊德被杀害的地方15英里（1英里约为1.61千米）。肖恩尝试解决和母亲的分歧。他尝试让母亲打消疑虑，"如果我无法在社区跑步，那我还可以在外面专用跑道上或其他地方跑，不是吗？""这并不是世界末日"。但是他母亲有不一样的看法："**这就是**世界末日，因为如果你不能在社区跑步，不能阔步走入这个世界，不能被人们单纯地看作一个17岁热爱跑步的男孩，那么事情就存在严重的问题。"

这是一段关于自由的对话。爱比克泰德和他年轻的弟子们之间就不会进行这一主题的对话，但是作为老师的我们会和学生谈论自由。我曾在乔治城大学跟一个一年级学生进行过一次关于自由的艰难对话。仅仅6个月之前，他得知自己的祖先是在1838年被乔治城耶稣教会为维持大学资金的周转售卖的272个奴隶中的一个。这件事改变了他看待人生的方式，也改变了他现在对自己被培养成天主教徒的看法。他的自由观被颠覆了，他感受到自己的脆弱。他在我办公的时间找了我很多次。他只是想跟我谈谈——关于如何学习、该喝多少咖啡才能保持清醒和专注、他有多么喜爱某篇阅读材料、如何在工作和繁重的课业之间找到平衡。我们在课上读了塔那西斯·科茨（Ta-Nehisi Coates）的作品，我们还看了纪录片《我不是你的黑鬼》（*I Am Not Your Negro*）的片段，这部纪录片改编自詹姆斯·鲍德温（James Baldwin）未完的自传遗作。但我的这个学生在课上从不提及他过往的经历，而是执着于刚刚知晓的家族历史。他仍然在努力地克服这件事，我对此也表示尊重。那个学期我带的班有大约 25 个学生，其中有 4 个学生属于有色人种，3 个是非裔美国人，一个是在东南亚长大并接受教育的美国人。这个学生，身为有色人种，却写了自己在主流种族叙事中遭受排挤和为自由而抗争的感受。塔那西斯·科茨和詹姆斯·鲍德温所讲述的感觉毕竟不是他自己的感觉，他所感受到的压迫与他们的不同。他是一个引人注目的学生，但在美国却又十分孤独。

对现代人来说，就像这些学生，心理上的自由与由尊严、尊重和包容感所带来的自由是分不开的。虽然在历史和实践中没有这种观念，其本身却是非常古老的。西塞罗基于人类共同的理性为尊重有价值之人奠定了根基："因此我们必须对人们表达敬意，对那些最好的人，同时也对除此之外的其他人……由这种尊敬而来的义务将使我们符合天性、保存天性。"这种尊重"适合将人们彼此之间的纽带缔结起来"。[23]这种观念落实到现代斯多葛主义的教授者和学生身上，就是让他们尽自己的一份力量，建设一个以承诺人人享有尊重和尊严为根基的社会。

世界性联结

杰克·多西（Jack Dorsey）是 Square① 和推特的联合创始人之一，也是另一位被斯多葛主义吸引的硅谷企业家。对他特别有吸引力的理念是，要通过匮乏来培养韧性。多西的经历与那些年轻的新兵或战俘不同，他的匮乏经历是自己主动寻求和选择的。他选择在清晨 5 点冰浴，即便是在严寒之日也不穿外套单程步行 5 英里上下班，一天只吃一顿饭。这显然已经有了苏格拉底和犬儒主义者第欧根尼的影子，他们都是斯多葛主义者的精神偶像，都以不穿外衣、少吃食物和给人以不畏寒冷的印象而闻名。在多西对古人

---

① 一家美国移动支付公司。——译者注

的模仿中，人们通过做那些不舒服的事情来建立新的神经通路，从而使人变得更为坚韧[24]。"能径直从室温环境走入严寒带给了我无尽的精神自信，没有其他事可以与之相比。"对此，一位记者打趣道："先生，请去感受一下多伦多的冬天吧。"[25]

但还有一种更为实质的对斯多葛主题的重构——与世界性的联结有关。推特的宗旨与信息的即时传播有关——"要走一条推动而非阻碍自由的全球性对话道路"[26]。对将发言内容缩减到140—280个字符就能增进全球对话这回事，我们不乏充分的理由表示怀疑。推特和其他社交媒体平台上松懈的自我监管也导致了大量不实信息和煽动性言论的出现。这些年来，这些平台已经拓宽了所谓的奥弗顿窗口[27]（Overton Window），这个术语以约瑟夫·奥弗顿（Joseph Overton）的名字命名，指的是公众所愿意接受的政治观点的范围。那些曾经被视为危险的或太过偏激的言论如今也变得更为主流。在这个已被拓展的范围内，那些自动社交程序和钓鱼帖散播着真假参半的信息，关于超级全球化①的不同言论在封闭的空间争论不休。这些传播各种消息的传声筒以传统媒体的受众时常感到不适和危险的方式制造着噪声。[28] 推特和其他社交媒体对"阿拉伯之春"（the Arab Spring）的发展起到了

---

① 指20世纪90年代末开始的，在规模、范围和速度上都产生了剧烈变化的全球化。它包含三个主要维度：经济全球化、文化全球化和政治全球化。——编者注

推波助澜的作用，但也催生了一个瓦解这一运动的战场。推特只是个工具，正如古人所教导的，它像所有其他工具一样，可以用来行善，也可用来作恶。

需要说明的是，面对不确定事物的斯多葛式技巧在于将恐惧或坏事以生动细致的方式呈现出来，那么推特近来就已经形成了对种族主义进行群体性清算的生活技巧。当下关于种族的讨论已然发生了转变，这很大程度上要归因于警察谋杀弗洛伊德的那段清楚具体而又被广泛传播的视频，其中，警察肖万（Chauvin）用膝盖压住弗洛伊德的脖子长达9分钟。在弗洛伊德遭谋杀的3天后，有近880万篇推文都加上了"#黑人的命也是命"（#BlackLivesMatter）的标签[29]。相似地，发生在中央公园的那起种族冲突事件[30]被克里斯蒂安·库珀的相机捕捉了下来，他妹妹随后把视频的片段发在了推特上。这条视频被观看了超过4000万次。推特、照片墙（Instagram），还有脸书（Facebook）都使我们能更直接地看到发生过的坏事，其中很多事我们可能不希望发生在自己身上，但我们可能已经成了推波助澜的人。[31]如果我们看到这些画面丝毫不为所动，那么遭受情感困扰之后所重获的自由显然就来得太轻松了。

关于多西的信条及其与斯多葛主义主题的关联还有最后一点要说。多西已经成为最慷慨的亿万富翁之一，他把大约三分之一的个人财产捐给了多家机构，用于支持新冠病毒的救治工作、保障人群基本收入以及支持女孩的健康和教育。当被问及为什么要把钱捐出去时,他引用了全球联结的观念:"我的生活原则就是,一切事物都是彼此关联的,所以如果有人身处痛苦,那么随着时间的流逝,最终我也会身处痛苦。"[32]不论有什么其他因素影响到了他的捐赠活动,多西都把硅谷经典的行话"先赚眼前之钱,再想事后之捐"抛在脑后。对于捐赠,他也做到了公开透明,他在一份公开的谷歌电子数据表里[33]实时公布他的每一笔捐赠。以快速公开的方式进行捐赠也许是一种避开那些觊觎你钱财的人所有"要求"的方法,但这也是一种以身作则的方式。

塞内卡在《论恩惠》(*On Favors*,或 *De Beneficiis*)中花了许多笔墨谈论那些明智的恩惠(以公开的方式施与和以秘密的方式施与)之间的微妙差别。他说,有一些赠予,"不会对晋升或名望有丝毫的推动作用,但只是单纯地帮人们抵御疾病、贫穷或每况愈下的生活"。他谴责那些只为了让公众记住而做出的捐赠,或是那些"持续地以你所接受过的服务提醒你而使你感到不安和消沉"[34]的人所做出的捐赠。毫无意义的赠予背离了捐赠的目的,就像是"把书籍交给一个文盲,把捕猎的网交给一个学者",或者"在盛夏季节拿出的冬衣"[35]。所以,贪图他人的感激或赞许而做出的赠予也是如此。在推特上实时推送所捐之物当然是一种吸引掌声的行为,但这种行为也是在提醒他人不要坐享其成。

赠予行为在古代被认为是社会凝聚力的核心：它"比其他任何事物都更能将这个社会凝聚在一起"，塞内卡说道。[36]这一点与一个更基本的斯多葛理念是一致的，那就是人本质上是社会性的，其自足性也是基于社会关系才得以实现；具体来说，在物质和情感的传递中，我们都要依赖彼此的善意[37]。西塞罗是以一句话来思考这一点的："扫描你心智的内容。"[38]你是偏爱一种以持久愉悦之宁静为追求的伊壁鸠鲁式的生活，还是偏爱一种即便你在其中忍受痛苦但仍为全人类谋福祉的生活呢？善行与感恩都是社会结构的组成部分。现代哲学家们重新表述了这一点，其中以彼得·斯特劳森（Peter Strawson）的表述最为有名：表达善意和感恩是我们作为共同体的成员对彼此负责的方式。那些救济本身并不表达善意，我们是在这些救济中寻找那些"态度本身的表达"[39]。

慈善活动绝不是要去代替社会正义，不论它涉及的社区有多广。

推特的目标就是去拓宽边界，至少是拓宽对话的边界。推特连同其他社交平台一起，都需要更主动地监督言论，以防止其堕入危险的错误或谎言。但是那种以逻各斯（logos）或对话将世界联结在一起的核心理念，是古代犬儒思想和斯多葛思想的现代变种。

战胜死亡的生活技巧

另一种与斯多葛主义难以相容的生活技巧也曾在硅谷被采用，那就是战胜死亡[40]。斯多葛学派思想家在面对死亡时通过预演人固有一死这一事实来进行沉思，这一点广为人知。他们的信条不是与死亡做抗争，而是泰然处之。这就是他们鼓励针对死亡警告（memento mori）进行反复练习的要点："将死亡牢记在心。"在所有的恐惧里，这种恐惧尤其需要战胜，正如塞内卡所说："那种惧怕死亡的人绝对做不出任何值得活着的人做的事。"[41]

在《书信集》（Letters）中，塞内卡直面自己的年龄和每况愈下的健康状况。他呼吸困难，自年少起就遭受哮喘的折磨。而现在他的哮喘发作得更厉害了，感觉像窒息了一样。医生说这就是身体对死亡的预演。塞内卡已经以哲学的方式为此做了一生的准备。这种观念也仿效了苏格拉底，在柏拉图的《斐多篇》（Phaedo）里苏格拉底说过，"哲学就是练习死亡"[42]。塞内卡对这种哲学训练进行了这样的表述："如果有人认为一盏灯在熄灭之后比被点亮之前的状况更糟，那么我们难道不会认为这个人很愚蠢吗？我们会熄灭，也会被点亮。"[43]中间的那段时间就是我们有所感知的时间；而两端的时间则完全没有被我们关注到。"这是一个在公元前 1 世纪，因伊壁鸠鲁主义作家卢克莱修（Lucretius）而为人所熟知的关于生命两端之对称性的论述。

塞内卡说，如果用实践的语言来表述，那么直面死亡就意味着把握当下。"当下的时间十分短暂。"[44] 而那些"全神贯注"的人也很容易分心。"你想要知道为什么他们都没能'长寿吗'？""……年老的人在祷告中祈求能再多活几年；他们假装自己比实际年轻……"但"有智慧的人会毫不犹豫地从容赴死"。

如果说在斯多葛式观念下，死亡要被接受为一种中立事物，甚至是一种不合意的中立事物，那么"生活黑客"们又如何证明与斯多葛学派相伴是正当的呢？

在很多现代人看来，这正是斯多葛学派允许将控制边界向外拓展的地方。在这里，成为障碍的不是恐惧，而是缺少时间。而这正是通过生活技巧可以解决的事情。

"生物黑客"杰弗里·吴（Geoffrey Woo）在旧金山是一个有影响力的人物，他的现代营养健康（Health Via Modern Nutrition，简称 HVMN）公司是一家人类增强公司，生产"益智药"，即用于改善记忆力、认知力、耐力等的化合物。他的科技公司还为员工设立了间歇性的每周断食日。当在一个音频节目中被问到生命黑客的最终目标时，他谈到了永生："是的，我想要永远活着。"[45] 采访者问道："为什么？"

他反问道:"为什么不呢?"采访者说:"我们在文化上的信念认为人最终都是会消亡的。"杰弗里·吴说:"我不认为这是一种技术乐观主义,我觉得这是人类的一种愿望。"亚里士多德在这种情形下也许就会呼吁人们清醒些。他说,我们需要将单纯的"愿望"(wish)和那种与选择及行动相关的欲求(desire)区分开来。他主张,即使"存在追求永生这种不可能实现的愿望""选择绝不是针对不可能的东西的"[46]。亚里士多德继续说道:"愿望也许与那些绝不可能凭个人努力就能实现的事情有关。"

但这恰是生物黑客面临的挑战——要重新定义那些可能发生之事,包括人类的永生。

杰弗里·吴本人并没有公开宣称过自己是斯多葛思想的信徒,但他的很多追随者是斯多葛思想的信徒,尤其是那些经常进行断食活动的亿万富翁们,他们想要通过控制卡路里的摄入来达成高额的绩效以及延长工作的年限[47]。也许关于节食和断食存在着取得了进展的科学性,但这种意义上的斯多葛式控制模式逾越了斯多葛学派对自我控制的看法。斯多葛主义的强健身心的训练就包括对影响生活的外部事物做出明智的选择。我们被教导要以合乎自然的方式进行选择,不论自然之法则多么难以把握。但即使我们与神共享着理性,人类的本性还是受到约束的,唯一的约束就在于,我们不像神那样,我们都是有限的会死的凡人。

任何认为智慧精明之人可以消除死亡的观念都与斯多葛思想绝不相容。

然而,我们也许会认为斯多葛学派就身处这种错用之中。毕竟他们的技巧在于以克服自身脆弱性的方式进行自我保护。的确如此,但正如我们已经看到的,他们是基于适应力而不是无坚不摧的战斗力来构建起这种保护的。所以,塞内卡提醒我们,"我们也应让自己更具适应力(faciles)以免太过偏爱那些已经做好的计划"[48]。危险的事情就在于以刻板的方式看待最终目标,这就包括一些斯多葛派生物黑客所做的事情,即要成为不死之身[49]。

的确,很难避免将这种对不朽的向往看成不同于追名逐利或狂妄自大的东西。即使是那些用来战胜死亡的手段也是被工程师的好奇心和由技术带来的信念所驱动的,他们相信一切皆有可能,人们仍然希望活得足够久来看到他们技术创新的成果。这同样更多是关乎自我和成功,而非关乎有德性的奋斗。

关于生命黑客要战胜死亡这件事,还有最后一条斯多葛的教导。斯多葛学派主张以既发乎本能又富有戏剧性的方式面对死亡,选择自杀和被迫自杀都属于罗马生活的一部分。在鲁本(Ruben)为塞内卡所作的那幅名画中他青筋暴起,这说明面对由自杀所致的死亡时,人既非孤独也不一定能心如止水。正如《斐多篇》中所描述的苏格拉底之死的场景，如塞内卡的死亡重现，当时朋友们都在场，而且都还在交谈。在塞内卡之死的场景中，人们都相信他的遗言会被铭记。但在斯多葛主义的传统中，有这样一个同样源于苏格拉底的观念，那就是可能存在一种对生命的"理性背离"[50]，这种从本质上对理性进行解读的方式能为自杀辩护。

对斯多葛主义者来说，自杀属于一种在特定情况下适当或恰切的特殊行动（ta kathekonta）。以理性的方式离去所基于的恰当理由是细致而冗长的，尤其是假定了我们的普遍义务就在于保护自己的生命和自然构成。第欧根尼·拉尔修告诉我们："智慧之人会以理性的方式从生命中退出，或是为了他的国家，或是为了他的朋友，亦或是因为他遭受了无法忍受的痛苦、残疾或无法治愈的疾病。"[51]后面的这些情形都属于负面的外部事物（即所谓的不合意的中性事物）。既然生命只有当自身是实现良善行为的物质手段时才有真正的价值，如果我们因为缺乏物质前提而无法做出有意义的选择，进而无法以良善的方式做出行动，那么自杀也就可能被证明为是正当的。伊曼努尔·康德给出了一个带有斯多葛主义影子的例子。他讲了一个被疯狗咬伤的人的故事[52]。这个人十分确信他得了狂犬病这种不治之症，狂犬病在人类身上发作时会使人陷入癫狂状态。在自杀留下的遗书当中，这个人说"他杀死自己以免他人也遭到他疯狂行为的伤害"。这个例子非常有力。因为尽管康德整体上主张自杀与义务相违背，但在这里他认为身体上的疾病可能会剥夺你做出符合道德行动的工具。当这种情况出现时，自杀是无可厚非的。这就是斯多葛主义的观点。

在这一切中，与我们密切相关的是斯多葛学派敏锐地意识到生命会因疾病或专横的政令而被缩短。其哲学思想将生命视为做出良善行为的物质条件，这也就使他们能够证明这种理性背离是正当的。他们从来不认为身体本身是可以抵御所有侵犯的坚韧物质。认为身体可以抵御所有侵犯，这是一种现代的控制观念，而斯多葛思想家很难接受其为一种真正的斯多葛式思想。

斯多葛主义与有害的男性气概

那些极端男权主义者进行着另一种对古典斯多葛主义（甚至是更广泛的古典思想）的挪用，他们在网络上散播他们的观点，比如红迪网（Reddit），这个网站上还有由厌女者组织的"红丸"（Red Pill）社区。这是众多由另类右翼厌女者组织起来的平台中的一个，有时也被称为"男半球"（manosphere）。唐娜·扎克伯格（Donna Zuckerberg）最近对他们的这种挪用进行了深入的研究。对很多人来说，这种倾向在马可·奥勒留的雕像上得到了集中的展现；这位白人先辈君主骑在马上作战，是男性气概和活力的化身。扎克伯格感叹道，很多为自我拯救哲学斯多葛主义之复兴而欢呼的人"都忽视了斯多葛主义在反女权主义互联网社区的流行"[53]。

长久以来，那些可恶的意识形态一直在通过古人的思想寻求合法性。正如古典学家柯蒂斯·多齐尔（Curtis Dozier）指出的，白人至上主义的网站把巴特农神庙的图片拿来放在其口号"每个月份都是书写白人历史的月份"的后面当背景[54]。多齐尔说："这里隐含的论证就是，既然白人建造了这些建筑，那么白人就优于其他种族。"他自己的网站灯塔记录了很多类似的案例；在这些案例中，古典历史被用来支持种族压迫和性别压迫。

既然斯多葛学派主张美德是不分性别的，那么厌女者对斯多葛主义的挪用就尤为可疑。在芝诺的理解中，在一个由圣人组成的理想的道德共同体中，女性是被纳入乌托邦社会的。既然斯多葛学派也主张完满的智慧是不分等级的（即你要么是圣贤之人，要么就不是），那么女性和男性就都可以是圣人，并且也都可以是完满德性的理想典范。此外，如果说对斯多葛学派而言，理性是所有人的共同特征，那么这对男孩女孩的教育而言也颇具意义。因为即使有性别上的差异，只要他们拥有共同的理性且这种理性是人类之善的核心，那么通过教育理性来培育人类之善这条路径就应当是对所有人开放的[55]。

穆索尼乌斯·鲁弗斯在提倡男女教育平等时就呼吁这一点：

> 当有人问他女性是否也应该从事哲学思考时，他是这样论证的。他说：女人从神那里获得了与男人一样的理性能力（logon），这是一种我们用于与他人进行交流并对事物进行思考的能力，不论事物是好是坏，是高尚还是可耻。相似地，女人有与男人一样的感知能力：看、听、闻以及其他能力……而且，对伦理上至善的向往以及朝向它的那种自然倾向不仅属于男人，也属于女人。女人对高尚且正义的行为的喜爱，以及对那些与之相反的行为的拒斥一点也不比男人少。[56]

简而言之，在最好的道德世界中，女性和男性一样都是道德楷模。她们也许不像象征着斯多葛主义和罗马统治者的雕像那样骑着大马，但是因为她们具有的"欲求"和"自然的倾向"，她们在理性的世界中就像在家一样。穆索尼乌斯认为，教育应当反映出这一点。

这里还有更多要说的。相对现代标准而言，这样一幅女性主义的图景是不完整的。真正的关键在于，女性主义在古典世界中已然占据了一席之地，不论是柏拉图《理想国》第 5 卷中要将女人纳入公正城邦的守卫者群体中的极端提议，还是斯多葛思想对理想社会及其教育规划的设想，都体现了这一点。

　　这一课所能带给我们的更为宽泛的教益在于，有多种多样的利用斯多葛思想的方式。有些文本晦涩难懂，充满了新创造的哲学语汇。还有些文本比实际情况显得简单：斯多葛思想家们是在向我们呈现他们的捷径。追求那些高效的捷径当然是寻求生活技巧的关键所在。斯多葛思想家是我们技术上的盟友，因为他们经常分享自己的诀窍，或者至少会分享一些典型的诀窍。他们给出的那些精练有力的格言在网络世界扎根，并且构成了自我治愈的基本内容。斯多葛主义契合了现代生活技巧家们的需要，这是亚里士多德式的或柏拉图式的哲学所不具备的。

　　但是斯多葛主义却不仅仅与自我治愈或者自我提升有关，也与道德进步以及通过结盟和责任来扩展共同体之间纽带的构想有关。"让我们培育人性"，塞内卡在《论愤怒》的结论部分说道。而根据他的论述，其中一种方法就在于管理情绪和令人扭曲的冲动印象。有时我们要学会如何在做出反应之前停顿片刻。在美国全国上下正在就"黑人的命也是命"展开开创性的讨论时，这是一个强有力的斯多葛式生活手段。

说出他们的名字

蒂姆·费里斯的设定恐惧作为一种手段，其目的在于让我们以具体的方式去面对恐惧：将恐惧说出来，把它们写下来，将它们呈现出来。这种对恐惧进行预演的现代斯多葛理念引起了我的共鸣。请让我把那些人的名字都列出来：乔治·弗洛伊德（George Floyd）、艾哈迈德·阿伯里（Ahmaud Arbery）、埃里克·加纳（Eric Garner）、艾安娜·斯坦利·琼斯（Ayana Stanley Jones）、迈克尔·布朗（Michael Brown）、桑德拉·布兰德（Sandra Bland）、塔米尔·赖斯（Tamir Rice）、马丁·路德·金（Martin Luther King Jr.）、迈德加·埃文斯（Medgar Evans）、马尔科姆·艾克斯（Malcom X）、爱默特·提尔（Emmett Till）。这样的人还有很多。对身为白人而被赋予某些优势的人来说，说出他们的名字不仅仅是一种纪念，更是一种恐惧设定法，即直面我们自身的脆弱，直面那些我们将之视为威胁或有时选择将之视为威胁的事情。斯多葛学派让我们更关注"选择将之视为威胁"的事情。他们教导，在改变感知和情绪习惯方面，我们实际所具有的掌控力比我们认为的更强。即便当情绪是不由自主地被唤起时，我们仍然需要控制情绪的发展，包括评估威胁的现实性，评估我们的反应是否滥用了自己的权力或权威。这是一种面对恐惧的方式，也是一种勇气。

彼得·保罗·鲁本之后的卢卡斯·沃斯特曼(Lucas Vorsterman),《塞内卡》1838,雕塑

大日如来佛像,来自婆罗浮屠

第 8 课

斯多葛学派生活的艺术

冥想：东西方交汇

　　塞内卡遵循毕达哥拉斯学派的一种传统，他告诉我们他在睡前冥想是为了"审问"自己。[1] 他审视自己的每个错误与罪行，不对自己有任何隐藏。他是他自己的"秘密检视员"，检视汇报自己的品格。现代的冥想者可能觉得用这种冥想方式安神助眠很奇怪：如果斯多葛派教导说智慧是通向宁静之路，并且对德性与罪行的沉思冥想是这种智慧的核心，那么深夜全力研究自己的品格怎么会是寻求宁静的办法呢？作为一种睡前仪式，它会助眠还是会因为努力沉思而让人一直清醒？对此，史蒂夫·马丁（Steve Martin）有一次半夜打电话和卡尔·赖纳（Carl Reiner）商讨第二天的影片拍摄时，赖纳有个快速的答复[2]。马丁问："我打扰到你了吗？"赖纳回答："没有，我只是躺在这儿回顾我的各种失败。"

　　斯多葛派都不是喜剧式的自我反对者。要是他们会这一套，那么他们的作品读起来可能有趣得多。不过他们**确实是**自我反对者。"尽可能严厉地控告自己。"[3]塞内卡在给卢西利厄斯的《书信》中如是指导道，"然后进行调查。首先当起诉人，然后当法官，最后辩护。偶尔要对自己严厉些。"

　　希腊斯多葛主义者对这种心灵的内省检查有一个专门的术语：prosokhē[4]。它是一种集中注意力和训练警觉性的方法。爱比克泰德用他一贯的夸张手法敦促说，生活中没有一处应该是"注意力不存在于其上"的地方。一点点的松懈放纵就能引向更严重的"不集中注意力的习惯"。并且不久你就会踏上在道德上也松懈的不归路："各方面都完全不犯错可能吗？不，那在实践上不可能。"[5]不过"如果通过毫不松懈的注意力可以免去一些错误，我们也会有理由感到满足了"。与当今的心理学研究发现相反，斯多葛派的观点认为努力与认知上的专注并不是会耗尽的资源。[6]心灵能量是常用常新的，而且对自身做得如何的考虑并不会因为有焦虑的忧思而弱化其自控力或表现，心灵的努力只会强化它们。

　　奥勒留在日耳曼战事中通过夜间冥想，遵从着爱比克泰德的训导。面向自身的写作，还有力图诚实的道德自省，成就了后世著名的《沉思录》。

　　塞内卡敦促一种类似的强化的警觉性，以在夜间召唤心灵"对其自身有个交代"。塞内卡记述道："当灯光熄灭，我的妻子也不再言语，她知道我的习惯。我仔细审视、回溯我日间的一切行为与话语。"[7] 日间有各种寻常的事端，通过一些微小调整，这些事端可以轻易地被我们消化。塞内卡给出了他睡前自我"审问"的一个样本：

1. 你对家人、朋友说的话太直接了。"你对他的告诫过于直白了。你这样不但没有帮到他，而只是激怒了他。"
2. 你当时在参加晚宴。讨论随着饮酒而变得活跃，你听到一个"针对你且正中要害"的玩笑。它意图刺痛你，而且它成功了。这就提醒你注意，下次要更留心选择伙伴。（我们可能觉得塞内卡这是在提醒自己注意，对冒犯别这么敏感，而非远离特定的人。不过此处是斯多葛派行动上而非仅仅认知上调整的一个案例：我们应当力图避免可能导致困扰的原初印象或情感刺激，不过我们也应该力图避免会引起它们的情境。）
3. 你见到一个朋友想进入一个声名显赫的律师或公民

的住所时，因为被门房禁止入内而大发脾气。"你如果处于这种情况也会控制不住脾气。"塞内卡如此责备自己。相反，要"退后然后大笑"。（"被打倒了就滚两圈"我父亲一心一意对他女儿的叮嘱至今仍回荡在我耳畔。）

4. 你当时在参加宴会，主人把你安排在房间后边，离贵宾和其他名人很远。你对主人很生气，也很嫉妒那些你认为占了你应得位置的人。塞内卡嘲笑道，现在你骂自己"你个疯子，你坐在哪儿有什么关系"？他斥责道，你的荣辱真的取决于屁股坐在哪儿吗？

5. 有个人批评你的工作和才华。"这（把批评你的人当作敌人）就该成为规则吗？"塞内卡说，如果如此，那你批评过的那些人、那些演说家前辈——霍坦修（Hortensius）、西塞罗还有其他人——都会因为你嘲笑他们的演说"而成为你的敌人"。塞内卡喋喋不休地对自己说："脸皮厚一点儿。想象一下你如果去竞选公职，不管大家怎么投票你都得忍受。"

6. 还有受自大的学生或虚伪的讼师的侮辱。还记得来自巴比伦的斯多葛哲学家第欧根尼身上发生的事吗？当时他正在课上讲愤怒，一个学生朝他吐口水，他温和而智慧地忍受了下来。"不，"第欧根尼说，

"我不生气。不过我不确定我不该生气。"塞内卡说,还有加图,他有过更机智的回复。当时他正在法庭辩护,一个叫兰图鲁斯(Lentulus)的人明显被这起诉讼激怒了,在加图额头上重重吐了一大口。加图保持着冷静,给出了回击:"我愿对任何人起誓,兰图鲁斯,说你嘴笨的人大错特错。"此处这个将自己一下子置于高高在上位子的机巧话语并不因为它通过不大友好地贬低别人来抬高自己而使塞内卡反感:一个狡黠的、理智上的侮辱是可以接受的,只要它取代、抑制了更具怒气的行为。它引开了批评的力量,并且给了塞内卡(一个修辞学家)娱乐其听众的段子。

冥想,无论公开的还是私人的、有没有娱乐性,都旨在为冥想者带来平静。"想一想在自我审视后的睡眠吧!它一定非常平静、香甜、不受干扰。"[8]塞内卡向我们这么保证。夜间冥想,再紧接着在第二天早上冥想,能使我们为白天可能遇到的各种困境做好准备。再次,遵从一位毕达哥拉斯派的老师,塞内卡学会了另一种练习:当他变得愤怒时,他就看镜子里自己扭曲的面庞。那时"流露出来"的只是愤怒"真正丑恶"的"一小部分"[9]。"如果它被直白、彻底地揭露出来呢?"这就是冥想练习试图揭露的:灵魂的真正状态。

诚实的自省长期来看可使我们的心灵获得平静，但这还是和许多人心目中那种"冥想"的静止感或随后的平和感不同。

如果进行的是一种东方式的冥想，我们就是在试图让喋喋不休的心灵沉静。古代斯多葛式冥想显然和它不是同一种，前者更杂乱，是自我审判，包含着纪律心和进取心，还会设立一个为之努力的高标杆，坚持为评价过程做标记。无论是白天还是夜间，这种方法都需要言说，即使是无声的言说；对这种冥想的践行有强烈的认知性，它要求心灵忙碌地工作。

斯多葛派并不给出证明其方法的"强"经验证据。他们的经验论立场和亚里士多德在从事伦理学时采取的相同：他们考察身边的现象、用亚里士多德的话说"多数人和智慧的人"的行为与信念。斯多葛派的看法是"多数人"试图从"短暂的诱惑"中、从"竞选运动与大批的支持群众"的高峰中、从"掌声与欢呼"中、从赞美和奖赏滋长的炫耀学识中获得快乐。不过塞内卡说这些全都"会使你获得极大的焦虑（sollicitudine），无论是在获得还是保持它们的过程中"[10]。焦虑并非来源于**道德的**努力，而来自**错置的**努力。

更好的努力是通向智慧与平和的道路，以及引向"稳定持久的快乐"，它是智慧的标志。"这种快乐只有一个来源"："对某人德性的一种意识（conscientia）"，也就是对一种心灵习惯的"意识"和"注意",严格缜密的自我审视必须承载这种心灵习惯。注意力是工具,最终目的是确定地将德性树立为生命中唯一真正的善好。斯多葛派不大关心你对自己的德性是多么确信或自以为是,而更关心你是否能在困难的考验面前理性地、稳定地坚持你的这种信念:**如果**你面临真正的诱惑或安逸的引诱,你**是否会**坚持你信奉的关于节制的信念? 智慧由这种"一贯的、品德高尚的、无误的世界观"[11]组成,这是斯多葛派圣贤的成就,而斯多葛派圣贤却很稀少。

斯多葛派圣贤是一种"伦理和认知上的超级存在"[12],哲学家塔德·布伦南(Tad Brennan)这话说得很恰切。平和的快乐是一种同样少见的道德情感,如我们在第4课中见到的,经过培养的、"好"情感的上层是留给完善的德性的。尽管如此,斯多葛圣贤还是可以作为使人进取的试金石或典范(无论多么遥远),向我们展现当我们切实投入比追求物质财富或推特粉丝数更有意义的事情时,可能体验到的平静会是什么样子。圣人的形象使我们得以一瞥摆脱扰乱的生活的样子。塞内卡用一个词对这种道德天堂的比拟也很高尚——"天外净地",一个在群星之上、摆脱了云层和风暴的广阔天穹[13]。理想化的道德理论从来没法轻易应用到真实的世界,尤其是当它要求人有非人之能,也就是绝不犯错时。斯多葛派也明白他们对天堂的追求有些勉强:爱比克泰德说，自我审视能帮我们"至少少犯几个错"。我们追求的是进步。

在所有这些中，斯多葛派继承了苏格拉底的智慧："不经反思的生活是不值得过的。"19世纪的英国功利主义者约翰·斯图尔特·密尔（John Stuart Mill）提出了基于这个观点的有关更高级愉悦的新理论："宁可做不满足的苏格拉底，也不做满足的傻瓜。"[14]更高级的愉悦来自运用我们更高级能力的活动。自我审视是其中的一种。

我现在想到了自己的一些习惯。有一些夜晚，我的自省确实有塞内卡的感觉。我需要回溯白天的事情，尤其是当我可能因与家人或密友之间的谈话而不高兴时。我太直接了吗？我该什么都不说吗？我是不是只说出了自己的需求，却没有好好倾听？我的焦虑流露太多了吗？我得把问题对自己说清楚，可能要通过写日记来冥想。如果我在经历一段尤其艰难、低迷的时期，那我会寻求外界的建议和解决问题的办法，以及心理分析与心理动力学的谈话治疗、认知行为疗法[15]（后者就其起源直接受斯多葛主义影响）等。在一个安全的地方，面对一个信任的治疗师，才能弄明白我怎么看待事情、我说了什么、做了什么、我对事情的反应，以及我怎样能应对得更好、倾听得更好、对他人理解得更好、构建更好的关系。有时候讨论的中心是我当前的一段关系，有时候是不久或很久以前的事，这些都是日常话题。心理治疗可以是长期或短期的，这取决于当前浮现的问题以及外部挑战。这个过程是使人平静的吗？经常是的。对很多人，包括我自己在内，内在的省察对解决那些导致我们焦虑、沮丧、失望、愤怒的东西而言非常有帮助。重新审视当前的情况能使我们采取更适当的情感和行为方式。显然，上述这些不是唯一的治疗式干预方式，使用治疗沮丧或焦虑的药物，比如SSRI（5-羟色胺选择性重摄取抑制剂）也是一种治疗方式。不过在其对谈话的关注中，很多心理治疗手段都借鉴了古代思想，尤其是斯多葛派思想。正如人们所说，斯多葛学派通过谈话进行的冥想是一种对激情的治疗（therapeia）[16]。

不过，这还不是我们很多人想到的那种冥想。我们通常运用的是东方式冥想——佛教的、印度教的、吠陀式的、道家的、正念的，等等。平静来自放手，而非深入每一处缝隙寻找隐藏的缺陷。平静不是来自反省沉思，而来自寻找一处让那些絮叨都安静下来的空间。

因此，此处是另一种实践方式。我每天早上或午后都会冥想20分钟，我做的是吠陀冥想，超觉静坐就是从它演变出来的。坐在一个舒适的椅子上，闭上眼，轻柔地将注意力集中于我的唱念咒语。每当我的心灵开始滑向列事务清单或是白天的工作事务，我就"青睐"唱念咒语，像我的老师所说，用其作为使心灵平静、摒弃絮叨烦扰的事物的工具。在某一时刻，我就"专注了起来"。我真的说不出来我在哪儿，我也丧失了时间感，我的头略微沉到胸前，而且感到不可思议的轻松。我不会定闹钟，但会看表。在练习了几年后，我对 20 分钟有了很好的感觉。我会接着花两分钟闭着眼缓缓地从冥想中走出来。结果是我被一种难以置信的滋润人心的平静所涤荡。午后冥想有时甚至更平和：一天的繁忙暂时停歇，我再次充满能量。这里有一些相应的医学与神经科学原理支撑[17]，我有时候会浏览。不过真正延续的是我的自我报告。我因为冥想而感觉更好了。作为成果，像每天锻炼、健康饮食一样，冥想也变成了我的习惯。

必须在东西方的冥想训练中做出选择吗？我觉得除了因为人生短暂、应该根据最好的信息（在当前情况下就是什么导向美好生活）智慧地使用时间之外，没必要这么做。

比如，回想一下谢米·谢思（Shammi Sheth）的案例[18]。他是英国国民保健服务机构的一名年轻医师，在伦敦以外的地方行医，他对老年养护有着特别的职业兴趣。他因为一次个人危机走向了斯多葛主义。他从一本书和播客开始，走向了另一本书和播客，接着是记日记，很快就发展到对斯多葛文本的深度研究。"从表面上，斯多葛主义听起来挺蠢，"他坦言，不过他还是着迷于它，"我就是喜爱它的简洁性和实践性。"

他出生、成长于英国的一个耆那教（一种与佛教关系很近的印度宗教）家庭，他从来都不是很认同宗教，但他的父母非常虔诚。他学过佛教，进行过 10 天的默言静修，而且他跟我说，他从中体验了"絮叨烦扰背后的寂静的真正魔力"。"它很强大，能净化人心。我感到如释重负。""我没尝试指引自己。我只是尝试排除那些噪声"。斯多葛主义吸引他的地方不同，击中了他更善于分析的一面，与他曾在伦敦大学读医学学位时必修的哲学课程产生了共鸣。尽管作为医生他更关注结果及医学上得到验证的干预手段，但作为一个斯多葛主义学徒他学会了接受有很多事情不在掌控之中。他帮助过的病人中有很多都不曾再找过他，再找他的多数是那些病情没好转或要求没得到满足的病人。对一些人来说，问题不仅仅在身体的健康上，而更多与社交与情感上的挑战有关。斯多葛主义为他打开了一扇窗，教会了他用更具全局性的眼光去看待病人，明白了行医经常是要作为"一个有同理心的教练"帮病人培养更好的生活习惯。好的医治是斯多葛派所谓"生活的艺术"的模板[19]。它指的是，生活的目标在于尽我们最大的可能做到最好，像最好的医生的医术一样，它并不能确保我们倾向的结果——长寿和健康。

　　像谢米这样的个人心路历程，混合着斯多葛主义和东方实践。有些现代斯多葛派热衷于强调这种交融。比如说，藏传佛教和斯多葛主义都专注于摆脱欲望和令人焦虑的身外之物的自由，专注于心灵旅程和能给出振奋人心的智慧箴言的导师。它们都将仁爱视为启蒙的关键部分，它们都将启蒙视为从错误价值观的恍惚中惊醒。它们都教导，我们被自己选择的榜样和视为可能的事务所限制。一个现代佛学理论家描绘了我们生活或想象的世界的层次图景："如果加利福尼亚和澳大利亚的某些部分作为神的领域跃入心灵，你可以看到半神的领域每天可能在华尔街的诡计与竞争、或是在华盛顿和英国政府的拥挤走廊中表现出来。饿鬼的领域呢？它们存在于人们尽管极为富有但永不满足、总想吞并这个或那个公司或无止境地在法庭上展示其贪婪的地方。"这出自索甲仁波切（Sogyal Rinpoche）的《西藏生死书》[20]，不过我们可以想象一个现代斯多葛派勾勒类似的图景。毫不令人意外，那些关注人类的欲望、虚伪与野心的哲学理论会有相通的地方。

不过两种哲学学派的基础差别非常大。世界瞬息生灭，智慧需要彻底地脱离自我，这是一种"无我"或"空"[21]，它能使人摆脱语词和挫折的烦扰，使心灵沉静，来洞察更深层的现实；这些对佛教来说是其基础，而斯多葛派并非如此。情感的治疗有关理性。西塞罗说，如果你要实现灵魂的转变，"摇起辩证的桨"，斯多葛派遵从这个思路。冥想是通过辩论及与对立学派的交锋完成的——不论是怀疑论者、伊壁鸠鲁主义者、柏拉图主义者、亚里士多德主义者还是其他人。你创造新的术语与概念来从新的层面塑造世界。创造新的词汇不仅是一种理论的活动，它们朝向的是实践与自我转变。对斯多葛派来说，改变发生在极细微的层面——你注意和忽视了什么，你接收了什么印象。接收印象的行为就是在形成信念和情感。[22]斯多葛式冥想是一种需要投入精力的注意，它与理性打交道，并且使心灵忙碌。

"重新学习如何正确生活"：在课堂中

"学习如何正确生活"[23]，这是多比·赫里恩（Dobbie Herrion）对斯多葛派教导的描述。他是一名密苏里州的高等教育负责人，前几年通过一个哲学播客偶遇斯多葛主义，精神上大受启发。他无比诚挚地说，那将他置于"一个交汇于两种生活的十字路口"。斯多葛主义使他谦逊，压制了他曾经的暴脾气。"我爱上了斯多葛主义。我学习它，每天都阅读它。"他对我引用了爱比克泰德、塞内卡、穆索尼乌斯·鲁弗斯等人的理论。他现在有一个使命，即通过斯多葛主义训练品格。"不使用斯多葛主义，尤其是在当下这个多变的时代，简直是不正义的。"

多比是一名非裔美国人。2014年8月，一个名叫迈克尔·布朗（Michael Brown）的18岁黑人年轻人，在未携带武器的情况下于弗格森大街被一名警察射杀，事发地离多比的住处就隔几个街区。这次残杀点燃了"黑人的命也是命"运动。我们在弗洛伊德于明尼阿波利斯被杀后几天有过交流。当时弗格森大街也再次爆发了游行。和他当时参加了大规模游行抗议的邻居一样,多比当时和现在也急切地希望"公平与改变"。不过对他来说前线不在街头,而在课堂。他与另一位力行实践的斯多葛主义者[鲍勃·辛波(Bob Cymber),一名初高中英语教师,也在圣路易斯]组成团队,一起创立了"行为矫正",一种针对幼儿园至十二年级学生的伦理与行为辅助课程。鲍勃对我说:"我从小就是一名基督徒"。本科期间他的专业是哲学。他说,奥勒留的自我沉思"真的说到我心坎儿里了",尤其是他提倡"严于律己,宽以待人"。

他们一起在圣路易斯从事教学活动的附近社区推广这个项目。有一次面对一群年幼的小学生,他们在窗帘后的桌子上放了一碗糖果,让孩子们排好队,一个个地去取糖果。鲍勃说,他们得在"不受监督的情况下自己决定拿多少合适"。这个情形可能会使人联想到心理学家沃尔特·米歇尔(Walter Mischel)著名的"棉花糖测试"[24],其中一个4岁儿童要面对一个两难抉择:是选择放在她面前、她敲响旁边的铃铛唤来实验员就能马上得到的小奖励(一块迷你棉花糖),还是选择等15分钟才能得到的大奖励(两块迷你棉花糖)。实验员通过一块单向镜观测该儿童究竟会在没有玩具分散其注意力的情况下抵抗住诱惑,还是会敲响铃铛吃掉奖励,抑或在等待的时候出现沮丧的表现。米歇尔的测试涉及意志力与摆脱奖励诱惑的注意力分配能力。在跟进的研究中,米歇尔发现小孩等得越久,在将来的人生中就能表现得越出色(无论是学业上还是职业上),一般而言更健康、更幸福。[25]很早就能自控,是未来人生成功的一个强大信号。鲍勃和多比不是实验心理学家,不是在设计有关思维与延迟满足的实验,他们关注的是人格训练。鲍勃认为这个场景是在训练节制、适度的品格,多比认为这是在训练公平意识。

有的学生拿的比平均的份额多。"那么,你们对此如何反应?"多比问道。"有个学生发脾气了。"另一个说,"我要……诸如此类。"或许另一个人又会攻击当初在队伍前头的一个学生。"这些都是真实的生活情境、真实的反应。我们创造一个暂停的时刻,来让学生们看看自己在面对突发情况时如何反应。"多比说,"因此,当他们放学回家,邻居偷了他们的自行车或者妈妈没给他们买他们想要的鞋时,他们已经练习了一种不一样的行为反馈。"多比解释道,他们会感到"愤怒",但是"我们不想让愤怒把他们带向:①他们已习惯跌倒的那条老路;②一旦迷途就不可控的那条道路"。

塞内卡在《论愤怒》中的教导在此处回响:"做错事的

印象引发的心理困扰并不是愤怒,正如该印象本身不是愤怒一样。随之而来的那个不仅表现出更是确认了该印象的冲动,才是真正的愤怒。"[26] 如我们在第 4 课中所见,塞内卡视像愤怒这样的日常情感为一种经过选择的行为:愤怒是"一种经决定而产生的运动""也能被决定消灭"。这些受斯多葛派启发所尝试教授的正是掌控决定的关键性第一时刻——"对一个评价性印象的接收"[27]。在上面关于小学生的例子中,正是对"自己被欺骗了"这个印象的接收,导致他们产生了愤怒情绪。

当然,快速对印象做出反应,即心理学家丹尼尔·卡内曼所谓的"系统 1"——"自动系统"[28],往往对我们有害而无利。它们使我们能"在声音中觉察出敌意""在面对糟糕景象时能做出厌恶之情",并且"能转向发出突然响声的来源"。塞内卡描绘了类似的自动唤醒:"碰到"黏黏的东西时的畏缩,或是在看到不期而至的威胁时"眼光突然的一闪"[29],这些都是前情感反应的例子,即使圣贤也有,不应招致诘难。不过如卡内曼所言,尽管有些快速反应没有问题,不过另一些扭曲的或有偏见的快速反应需要经过他所谓的"系统 2"——"最花功夫的系统"来进行监管。我们日常会使用这两种系统生活:"当系统 1 遇到困难,它就召唤系统 2 来进行更细化、更具体的处理。"[30]

在本质上,鲍勃和多比做的是为系统 2 更花功夫的监管职能打开大门。他们在教年幼的儿童如何停下来发现自己能导向冲动情绪行为的印象，比如出于贪婪的抓抢，或是对报偿的渴求，以及如何另辟蹊径，探索别的观察、感觉和反应的可能性。

榜样与英雄

我们要效仿榜样的行为。"如果你需要榜样，那就选择苏格拉底吧。""你还想要另一个榜样吗？那就选择比他年轻一些的加图吧。"塞内卡对卢西利厄斯如是写道，"从已经实践过的人身上，学习如何做事。"[31]

罗马斯多葛派通过论辩进行教导，不过也使用例子。他们使用的例子很丰富，其中最超群的还是苏格拉底和加图，他们挺身直面命运无常的冲击。西塞罗说，希腊人在榜样方面只有跟勇气与自制相关的寥寥数人，而罗马人在这方面远远超过了希腊人[32]。他盛赞榜样的力量无论在过去还是现在都用之不竭。稍晚些的罗马修辞学家昆体良（Quintilian）也这样夸耀道，希腊人可能具有原则和观念，但是罗马人"孕育出了更惊人的道德典范"[33]。

通过榜样来实现道德教化的传统是罗马道德生活的核

心。塞内卡常常在其书信、劝慰、剧作中使用这种方法。他诉诸历史来寻求素材,但也诉诸日常生活来树立榜样和道德典范。榜样成为争相模仿的范式,这比格言训诫和辩证论辩更直接。他们直击要害:"正式的讨论不会给你太大帮助。"塞内卡对卢西利厄斯写道:"唯有直接的接触、当面的对话、一同用餐。你必须见到我……通过格言训诫的方式学习是在绕路……快捷有效的方式是通过榜样来学习。"他接着列出了芝诺如何影响了克里安提斯,亚里士多德和柏拉图如何"更多地传承了苏格拉底的行动而非其话语",伊壁鸠鲁如何更多地通过陪伴与共同生活而非通过正式的指导影响了他的弟子们。在榜样或导师身上,还有共同成长这种额外的好处。"如果给予我智慧,但附加给我这样的条件,即我只能把它藏在心里、不能对任何人说,"他向卢西利厄斯坦陈,"那我应该拒绝它:如果不能与同伴分享,没有任何善好是值得享受的。"[34]

斯多葛派导师展现了忍耐的力量——比如斯托克代尔在越南的7年战俘生涯中展现出惊人的"磨难中的勇气"。塞内卡鼓励卢西利厄斯去关注像庞培或卡利古拉这样陨落伟人的例子,来使其明白即使是最强大的人也会失败[35]。人们一般通过沉思他人的命运来面对自己的未来:"如果有的事会发生,那么它可能今天就会发生。"[36]正面和反面的榜样、道德禁令和道德指引,还有那些久已被遗忘或鲜为人知的榜样,都是学习的材料。

当我还是美国海军学院的伦理学讲席教授时，我保存了一个部队曾试图遗忘的、有惊人道德勇气的人物事迹。当时是1998年春天，也就是是"美莱村大屠杀"[37]30年后。在那场大屠杀中，有500余名手无寸铁的平民（其中许多是妇女、儿童和佛教僧侣）被一群美国陆军士兵虐待、杀害。当时，25岁的陆军直升机驾驶员休·汤普森（Hugh Thompson）、18岁的舱门枪手劳伦斯·科尔伯恩（Lawrence Colburn）和22岁的机工长格伦·安德烈奥塔（Glen Andreotta）降落下来制止了进一步的屠杀，他们的行动可能挽救了数百人。

我邀请汤普森来海军学院演讲。我知道一些他的故事，也知道一开始陆军试图掩盖这起屠杀，国会当时也有人认为他应受罚。他犯什么罪了？当他把直升机降落下来时，他对自己的机组成员下令：如果步兵们试图阻止我，"向他们开火，射杀他们"。"是时候阻止这种疯狂的举动了。"他对自己说，即使冒着上军事法庭的风险做这件事。他仅带了一把小手枪，挺身往返于中尉威廉·卡利（William Cally）和上尉欧内斯特·梅迪纳（Ernest Medina）以及正从地下掩体中被押解出来、正前往已填满尸体的壕沟的平民之间。卡利和梅迪纳没有开枪。

我向许多曾在越南服役的退役海军和海军陆战队高级军

官讲过这个案例，也为那些预备役军官讲解这场大屠杀和这名冒着自己整个职业生涯的风险来阻止这场大屠杀的军官的事迹。

这堂课是面向整个海军学院的，不过也面向公众。我甚至将那晚的活动主题定为"休·汤普森——美莱村的英雄"。我收到了如潮水般情绪激动的信件，它们来自整个部队系统。他们说下达那样命令的服役人员永远也不配被称作"英雄"，我找错了榜样。

那个夜晚，汤普森做了演讲，然后是提问环节。一个来自学院外的越战老兵站了起来，充满愤怒，质问汤普森怎么可以下达攻击同伴的命令。他暗示，这是叛徒行为。汤普森保持着冷静，讲述了他的原因。对之后的其他问题，他也都回答得同样镇定。在谈话的最后，那个愤怒的老兵走上台，泪眼婆娑地拥抱了汤普森，对他说："欢迎回家，兄弟。"我们都看在眼里，我们当时都不知道事情会这样发展、如此收场。

这样的和解并不总是发生。汤普森长久以来都是被迫害、骚扰的对象。陆军想遗忘他，并以此掩饰自己的暴行。过了 30 年，同样是在一个春天，陆军才终于认可了汤普森及其机组成员的勇气，并在越南战争纪念堂为他们授予了士兵勋章[38]。

汤普森的例子能作为现代斯多葛派的典范吗？ 如果《塞

内卡给卢西利厄斯的书信》重写的话，辛普森的案例有资格进入其中吗？这是一种奇怪的思想实验，塞内卡自己选择的例子。怎么能干涉他选择事例（使一个观点深入人心、使人效仿、使人有所警惕，同时又有奉承和修辞的点缀）的动机呢？尽管如此，在回顾海军学院的经历和军队中的斯多葛文化而写作《斯多葛战士》（*Stoic Warriors*）时，我还是反思了它们之间一些相似的东西。

当时我正纠结于斯多葛派对愤怒的观点。塞内卡说，它是一种情绪，如果不管就会一发不可收拾；是一种在任何情境下遵从都太过危险的情绪。他坚称还有比利用愤怒更好的促成正义的办法。刺激战士们的愤怒情绪会造成复仇和自食恶果，这正是促使 C 连的士兵[①]进行大屠杀的毒物。他们想为被地雷和陷阱杀害的弟兄们复仇，当时正是该"扯平"的时刻。

可能确实是那样，不过 1968 年 3 月的那个早晨，汤普森表现出的勇气生动地证伪了我的这种观点。他也是因愤怒而采取行动，但他接着克制、公正、勇敢地阻止了暴行。非暴力抵抗不是武装战争中该出现的，但克制是。汤普森只带了一把小手枪走出他的直升机，他不是想算账，而是想办法拯救正在被屠杀的无辜群众。

[①] "美莱村屠杀"中的美军是第 23 步兵师第 11 旅第 20 团第 1 营 C 连的士兵。——编者注

我在写作《斯多葛战士》时脑海里一直在想汤普森，因此便再次邀请他去乔治城大学演讲。当时是 2002 年，距我们第一次见面已有 4 年。我请求在演讲前采访他，他表示没问题，因此我们在演讲开始前一个小时左右在我的办公室交谈。他回忆起美莱村的那个早晨，泪水填满了他的眼眶，他轻轻地说："别让我崩溃。"我几次坚持说我们可以停下来，但他想继续讲下去。他跟我说，这很重要。他"再现了"1968 年 3 月 16 日的那个早晨。

他日常侦查任务中盘旋于那个村子上空时的第一印象，他记不清了。在那天更早的时候，并没有传来任何敌军行动的信号或是美军受伤的报告。不过一小时后，在飞过同一片区域时，他和他的机组成员看到一长条充满毁灭气息的痕迹以及一条堆满尸体的沟渠。他心中出现了不好的预感。

"我认为我当时难以接受现实，"他对我说，"你得明白，我们时刻准备为了拯救地面的同胞而冒生命危险。"因此，他开始为他的目之所见设想一些可能的背景情形：可能这些杀戮出自当天更早一些的空袭——那为什么有这些沟渠？他尝试设想了另一种可能情形，或许"当空袭发生时，敌人跑出来藏到这条沟渠里，一发炮弹刚好把他们一锅端了"。不过每间房屋都建有炸弹掩体，当炮击来袭时，"为什么他们会离开安全的掩体而去公园中散步呢？"他设想，或许美国兵做了些人道主义的事，为在炮击中死去的敌人挖了这条大壕沟来掩埋尸体。不过他接着又瞧了瞧壕沟里面:"等等,并不都是死人。我们不会送活人陪死人一起进坟墓。"他接受了自己之前不愿相信的:"这些人被押解到这条壕沟中杀害了。"接着他看到美国兵押解着其他平民从掩体中出来,前往壕沟。此时,他通过无线电寻求帮助,不过没收到什么回应。他的求援信号不知为何被干扰了,他被误解了,对方以为他在发送威胁警报,因此导致了延搁和更多的杀戮。事后来看,他理解了:讯息并非受到了干扰,而是被忽视了。

他亲眼看到了这场杀戮,愤怒在心中酝酿。"我当时血脉偾张。我跟你说,我当时血脉偾张。""我受够了。该死,这种事不能发生,他们不能死。"我仍旧可以感受到他的愤怒。他控制住了自己,但是仍有点儿情绪化。不过他并没有掩饰那促使他前去阻止屠杀的愤怒。

演讲的时间到了。我们走进会堂,会堂里挤满了乔治城大学的学生、一些华盛顿特区的年轻陆军军校学员和海军预备役军官。他向他们讲述了美莱村事件,他的所见所闻,还有他如何在那天早上把那些步兵视为真正的敌人。他接着向他们讲述了几年后再次回到越南的经历[39]。他又回到了曾是屠杀现场的村庄,一个颤颤巍巍的老太太赶来见他。她当初在壕沟中装死侥幸逃过一劫。他记得她。他微笑着看着她,她看向他并询问:"为什么那些犯了谋杀罪的人没有与你一起来……"她一口气说完了整句话,没有停顿,但现场的翻译员顿了一下,"……好让我们原谅他们?"

汤普森没想到这句话会这样收尾。"这个女人怎么能在心中对如此邪恶的人仍有悲悯之心?她是一个比我更善良的人。"怜悯、慈悲、对愤怒的遏制,在这个时刻都通过这位幸存者的问题完全展现。而向我们转述这些的人之前说过,促使他拯救这个女人和其他人的是愤怒。说它是道德上的愤愤不平也好,说它是道德愤慨也好,它都始终还是愤怒。

斯多葛主义者允许这种愤怒存在吗?斯多葛派不相信其他人造成的伤害是很严重的错事。愤怒作为动机永远是错误的,因此它在这儿也于我们无益。他们提出的是要根据原则行事,不过很显然这不管用。很难想象汤普森在见证了所见到的真正暴行后还能保持平静。或许我们可以用哲学家玛莎·努斯鲍姆(Martha Nussbaum)的术语"过渡性愤怒"来称呼其愤怒,来表明汤普森并非执着于报复,而是要使事情得到改善——拯救无辜者[40]。他并不希求做坏事的人遭难。如果愤怒伴随着"扯平"的想法,那么愤怒并不是汤普森行动的动机。尽管如此,汤普森认识到卡利和他的部队那天做的是恶事,而且除非他们为此赎罪,否则汤普森不会原谅他们。[41]

通过例子进行教导就其自身而言总还是不足的,它是通往语境分析、质疑并考察的出发点。我们受例子启发,不过我们需要知道自己在效仿什么,以及为什么要效仿。在斯多葛派有关勇气的典型案例上,我们要准备好去质询斯多葛主义自身对道德动机的解释。愤怒可能有时会引领我们走上正确的、而如果我们只是冷静地接受所见之事可能就不会走上的道路。

一场舞蹈和抛接球游戏

古代和现代的斯多葛派可能都显得过于内敛了。就像日常沉思,斯多葛派的生活艺术是通过看向内部来控制外部。早晨或晚上进行自我审视,做好预演,平复恐惧,面对生活的挑战武装好自己;做好准备,提前积极应对,这些是我们在之前的课程中已经探索过的。不过这听起来像是在建立高墙壁垒。要学会不受干扰,不仅要知道你能控制什么与不能控制什么,还要筑牢你与外部的边界。而且,我们已经透彻地论证过了,斯多葛派主张介入社会生活、过相互关联的生活。他们呼吁一种道德学徒间的伙伴关系,坚持将人性看作深层次共享的、合作的。这就是我们培养韧性品格的关键,也是我们繁荣生活的关键。不过如果是这样,那么沉思和其他关于注意力的心灵训练如何可以不仅仅关注自己,还关注他人以及你来我往的关系?

这个问题是塞内卡在《论恩惠》中探索的核心问题。善意与感激的交换取决于注意到这种交换附加的态度与情感。"有值得斯多葛派更尊重或更努力促进的美德吗？有比我们这些强调人类友谊圣洁性的人更适合去促进美德的人吗？"[42]他的文章是恰如其分地写给一位"自由派"的。不过我们很快就发现，"自由"或慷慨并不依赖于显赫或辉煌。表现出来的态度，而非礼物的大小和精美程度，才是关键。"使毫末之物高升的是心灵，使污秽灰暗之物闪光的是心灵，使伟大而受珍视之物败坏的也是心灵。"[43]

塞内卡接着告诉我们，态度通过情感表达出来。因此，毫不意外，斯多葛派的生活艺术包含对情感表达的教导——如何表现自己的感受，包括有时如何假装一些感受，以及如何在他人身上感知它们。我们可能觉得这对一个斯多葛主义者来说是奇怪的偏见，不过其实不是。斯多葛派是情感与情感行为的导师——教导我们如何把认知的关注点转向缓和沮丧与悲伤；或者，在一些情况中，教导我们表达与识别慷慨的在场或缺席。斯多葛派认为面部表情或语音语调中有很深刻的意志的影子。通过细心留意情感表达的细微之处，我们可以更好地担负起在生活中扮演的诸多角色。西塞罗指出，有时候，就像优秀演员一样，可以选择"最适合"我们天赋的剧本[44]。其他时候，我们必须扮演分配给我们的角色。

塞内卡说，在赠予礼物的情形中，我们应当观察别人怎么看待我们。"礼物很好——不过他犹犹豫豫的,他拖了很久,他给我的时候唉声叹气,他不停炫耀这礼物多好;他不是希望受赠人高兴,是为了他自己的野心,而不是为我。"[45] 我们"通过沉默""或者用一副勉强的表情""破坏"恩惠。[46] 下一次,提前想好我们应当留下什么样的印象,以及我们应当在他人言谈举止中的细微之处注意什么。西塞罗给出了类似的建议:我们"通过眼角的一瞥,通过眉头的收紧或放松……声调的提高或降低等"[47]来判断什么是合适的行动。这些关于情感信号的观点是后世许多理论的基础,比如2000年后达尔文(Darwin)对情绪表达的创造性研究[48],还有更晚近的欧文·戈夫曼(Erving Goffman)、保罗·埃克曼(Paul Ekman)、华莱士·弗里森(Wallace Friesen)等人对面部表情的研究。

塞内卡教导,在赠予礼物时,我们需要合适的情感表达以及对回应的习惯性应对。礼物赠予和表达感激是一种舞蹈;他指的是美惠三女神或缪斯,她们手挽手围成一个圆圈,在一个配合一致的流畅运动中给予、接受、返还:"这里有一种善意的序列,从一只手传递到另一只手,再一分不少地返还到给予者;如果序列被破坏,整体的美就丧失了。"[49]考虑一下芭蕾舞团中的舞者,比如在跳《天鹅湖》时,大家仿佛一个运动的整体,每一个舞者都按照序列行动,就像波浪从一头传到另一头,有一种连贯性,没有间隔。我们已经看到，斯多葛派（尤其是让人对战场关于身体部分形成直觉图像的奥勒留）特别青睐一种人类之间有机联结的理想。

塞内卡又提出了一种不同的图景，他说善意的交换就像是一种抛接球游戏："好的玩家需要针对高个子和矮个子玩伴送出不同的球。"[50] 如果想让对方接住球，就要衡量接球者所在的场地，让他有更好的机会接到球并传回来。如果你是教练，或是一个在球场上教孩子玩球的家长，你不仅要衡量小球员的身高，还要衡量他的球技，进而促使他进步。抛接游戏不仅有关技术，还涉及其他一些因素——乐趣、沮丧、对鼓励和支持的需要，那么球赛也是一个让父母观察情绪、让孩子控制情绪的时刻。

现代斯多葛派的实践中很少涉及对情绪交换的精微之处进行沉思的环节，其所探讨的更多的是击败恐惧或失望、击败拒绝或悲伤的生活妙招。"自我提升""个人成长"，我经常听到多数转向斯多葛主义寻求精神引导的人这样说。不过，古代斯多葛派几乎都视成功或成长为一个社会性话题，无论就其内容还是其实现方式而言，都是如此。良善的生活就是与他人一起过好的生活。塞内卡认为社会关系是紧密交织的，我们平时应注意到轻微皱起的眉头、傲慢的氛围、一声抱怨、一个犹豫，或从积极的方面来说，一个微笑或双方的会心大笑带来的温暖。

从发展心理学家[51]那里得知，从婴儿期开始，我们就会追踪人的举止，并自学坚韧、信任和爱。我们通过培养对无数面部肌肉运动的辨识力（盲人通过其他的感觉），来使自己面对世界中的安全和危险。塞内卡认为，"在世界安家"（oikeiōsis）这个斯多葛派关于终身成长和培养社会性的基本概念的部分含义，就是要求我们对善意及其缺乏的相应信号具有解读能力。我们是"读心人"，通过情感标志和信号解读他人的意图："如果错失了其中最重要的部分——判断，你就无法获得恩惠。"[52]现代哲学家斯特劳森呼应了这种观点："我们应当考虑，当我们展现态度时，益处和损害主要或完全地体现在我们的哪些行为中。"[53]塞内卡的教导是，态度的展现自身就包含实践的因素：态度在情感中展露无遗，有些是坦陈的，有些是被表现出来的，有些被内化来使我们能感受到自己所表现的。这可能需要付出辛劳。[54]

观察情绪是另一种关注方式或集中注意力的方式。它是这样一种关注活动：它并非向内，而是向外，关注与我们共享这个世界的其他人。

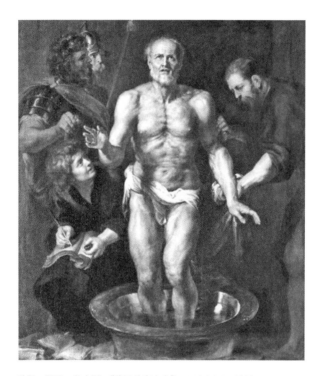

彼得·保罗·鲁本斯,《将死的塞内卡》,1612/1613,油画

第 9 课

一种健康的现代斯多葛主义

一次最意外的考验

"骑行者 vs. 小鹿"——这是护士递给我的医学报告的标题。在我正为这本书写结尾时,我迎来了一场最终的考验,而这恰是我未曾预演的事情。我先生马歇尔那时正在离家不远的岩溪公园(Rock Greek Park)骑车,他碰到了一只拿不定主意该如何过马路的鹿。它起初选择了一个方向,已经快要到达马路的另一边了,但是看到一辆车开过来,它立即转身返回,然后又再次尝试过马路。我先生和那只鹿发生了碰撞。那只鹿毫发无伤地逃走了,而留给我先生的是:七根断了的肋骨、肺萎陷和肩膀脱臼。急诊室医生告诉我，他"遭遇了惨烈的撞击"，我听到这个消息之后一度昏厥。"我们将不得不把他送到华盛顿特区的一家创伤中心。"医生说。

新型冠状病毒正在我们的城市肆虐。我和先生已经采取了全部的防护措施并且基本上在封锁中度过了 5 个月的时间，而现在我们要去一家大的城市医院。

作为一个斯多葛主义者，我此时应该如何思考问题？爱比克泰德在我耳边轻语道："那只是他的躯体而已。"

你一定是在开玩笑，我想。他的大脑就在他的躯体中。我有些朋友是当医生的，他们帮我理解了"连枷胸"（flailed chests）、肺炎、肺部功能、神经学问题以及应当在认知的层面上注意什么。他们让我做到的事情是否有认知上的谬误呢？"那真的只是他的躯体吗？"斯托克代尔曾是一名海军飞行员，他在战争中被击落，落入敌军手中，他的腿可能就是在此期间被打伤的，后来成为战俘的他又被敌军折磨了超过 7 年的时间。他在爱比克泰德那里找到了救命稻草。爱比克泰德是一个曾遭奴役的斯多葛思想家，同样是个瘸子。然而我的先生却不是战俘。最近一直让我忧虑的敌人是一种恶性病毒[①]，我们正在尽最大努力巧妙地跟它斗争。但我没想过他会被一头犹豫不决的鹿撞到。

[①] 即新冠病毒。——编者注

"惨烈的撞击"在我脑中反复盘旋。我已经花了整整一周的时间来专门思考罗马奴隶们遭受的残酷殴打和斯多葛式的评论。斯多葛学派看轻身体上的痛苦,这一点众所周知。但因运气不好而遭受的苦难与因他人的非正义行为所遭受的苦难之间的界线也被他们磨平了。如果你是个谨慎并且负责的骑行者,那么被鹿撞到是源于运气不好,然而被当成奴隶严刑拷打就是源于非正义的行为。

塞内卡抨击了施加在罗马奴隶身上的残酷行为。但是这更多的是一种利己性的考量而不是为人性所做的辩护:被奴役者可能背叛奴役他的人;让奴隶们感到感激总比让他们感到害怕要好;对他们施以恩惠,他们也许会以恩惠回报,比如代你赴死:"假设我告诉你,有人不顾自己的安危也要保护主人,伤痕累累,抛头颅洒热血,以自己的生命为代价为他的主人争取逃脱的时间。"[1]

这里所说的道德上的教益在于,被奴役之人也能表达仁慈。而这一点在政治上为塞内卡的目标受众(即精英阶层)带来的教益则在于,当你想鞭打仆人时,对你盛怒的情绪加以控制是有好处的。而肉体、肉体的完整性和肉体痛苦,还有人以及他因其人性而应得的尊重,都不在这些道德和政治上的教益范围中。

斯多葛学派教导我们,我们都为外在的权力所奴役。但他们也教导我们,我们中的有些人却比别人拥有更多的世俗权力。道德是一回事，而合法性和社会现实则是另外一回事。斯多葛学派从来都不挑战奴役制度。

这也就为我们将要做出的最后思考奠定了基础。我们要如何在古希腊和古罗马文化的基础上建立起一种健康的现代斯多葛主义呢？在当下的"取消主义文化"盛行以及对前代典范全盘推翻的背景下，为什么还要与那些不仅纵容奴隶制，而且还将内在自由赞美为最神圣的解放的古代哲学家为伍呢？

犬儒者第欧根尼是斯多葛主义极具代表性的人物，他穿着异性的服装，在公众面前炫耀自己的身体部位，他还排斥婚姻，认为这只是一种习俗，但不论他在多大程度上与传统习俗相背离，他都没有反对过奴役的传统，即使他自己就是个奴隶。他在追求一种别样的自由与掌控。因此，他在拍卖台上指着人群中的一个科林斯人厚着脸皮打趣道："快把我卖给这个人吧，他需要一个主人。"[2]内在的主宰才是真正的解放。最负盛名的被奴役的斯多葛思想家爱比克泰德成了一位受过良好教育的老师，他的追随者不计其数，其中还包括一位君主。但他从来没有抨击过奴隶制度。如果说鞭打被奴役者会在道德上遭到反对，那么罪恶在于当权者的堕落，而不在于遭鞭打之人的堕落[3]。同样地，他的老师穆索尼乌斯·鲁弗斯教导道，奸夫与女性奴隶通奸，他真正的罪恶在于意志薄弱，而不在于任何对待女性的不正义行为。[4]奴隶的真正力量在于其面对命运和苦难时所具有的精神独立性。不对欲望进行强有力的控制是一种罪恶,不论我们谈及的是男性与被奴役的女性厮混,还是女性与被奴役的男性厮混。这里当然存在性别平等的观念,但真正的罪恶,即那种意志上的薄弱,在男人那里更为严重。

奴役是普遍存在的:我们都被命运和身体的欲望紧紧掌控。自由同样是普遍存在的:我们都享有人性和理性。与亚里士多德的看法相反,斯多葛学派认为,奴役没有任何自然基础,这样的观点简直已是老生常谈了[5]。我们身处一个拥有共同来源和共同命运的共同体中。

事情可能确实如此。但是精神上的平等并不意味着日复一日的社会现实境遇上的平等[6]。塞内卡一生中的大多数时间都生活在富足中。他家中的佣人、随从的数量简直让唐顿庄园都逊色几分。斯多葛学派把获得力量的希望寄托在共同体和对他人的信赖上。但在实践中,这种信赖并不总是可靠的。爱比克泰德训诫道,你的身体"就像一头因背着它自己的驮鞍和缰绳而负载过重的可怜驴子"[7]。身体是一具会"被迫投入公共服务中"的工具。"不要反抗或者抱怨,否则你就输了。"这就是这场交易在被奴役者身上的体现。

既然我们在这一课中要为之前的课程作结,我之前还没有表明立场,那么我在此阐述。我的教学和写作都与古典及现代伦理学相关。我对那些文本充满喜爱,我仔细研读它们,与它们辩论，我还要求我的学生对其进行认真的阅读并且努力与它们辩论。我并不是一个严格的斯多葛主义者（不论它对现代人而言意味着什么），也不是一个斯多葛文本的阐释者。我把自己摆在一个好奇又好学的新斯多葛派立场上，捕捉古代斯多葛主义中的精华和现代斯多葛主义中有价值的教益。

关于构建一种健康的现代斯多葛主义，我已含蓄地采用了一些原则作为背景性的指引：

1. 心理层面的掌控不能以牺牲人类的脆弱性为代价。
2. 对他人的依赖有赖于互相合作、彼此尊重、互相支持的共同体的建立。
3. 否定身体或心灵的痛苦，并不是面对磨难时永恒的解决方案。
4. 要对迅速产生的感觉印象进行密切的注视，包括由恐惧、愤怒和欲望造成的扭曲和偏见。

对这些原则，我已经展示了我是如何在斯多葛主义的文本中为之找到立足点的——有些与情感的多个层次有关，有的与同理心以及全球人类的连接性有关，有的还与心理和道德上的困扰以及同情在心理创伤治愈中发挥的作用有关，还有的与注意力发挥的作用有关。我对那些文本向来充满敬意。但我同样努力让这些文本开口对我们说话,也让我们对它们说话,对之提出质疑,思考新的实践。

但我们仍然没能对斯多葛学派关于奴役制度的看法做出合适的清算。在这样一个我们要对自己的奴役史进行清算的时代,在"黑人的命也是命"的时代里,我们应该如何评估现代斯多葛主义呢?

我们要关注塞内卡的看法,尤其要关注《书信集》里的第47封信。尽管有些现代学者曾把其中塞内卡的观点视为当代人文主义思想的古代根据[8],且认为其具有启蒙特征,但现在人们普遍认为事情恰恰相反。塞内卡"为以仁慈的方式对待那些被奴役者提出了强有力的辩护",但这更多的是出于自身的利益而非社会良知。奴役制度对罗马上层人士而言十分重要。作为尼禄的御用顾问,塞内卡所强调的完全就是"对现状的接受"[9]。

"'他们是奴隶。'不,他们是人。"

所以在与卢基里乌斯(Lucilius)的通信里,塞内卡在开篇就与他讲起应该如何对待他家中被奴役的佣人。他接着立刻就像连珠炮一样对自己的密友说:

"他们是奴隶。"

"不,他们是你的室友。"

"他们是奴隶。"

"不,他们是出身卑微的友人。"

而接下来的这一个回合就传递了关键的道德教导:

"他们是奴隶。"

"他们是跟你一样的奴隶,尤其是如果你还没忘记你的命运和他们的命运都同样由老天爷说了算。[10]……你们是由同样的种子长成的。[11]……灾祸能使那些'出身上流的贵族们'低贱。同等的运气和人性使你们成为平等的人。"

然而,正如亚里士多德所说,那些出身上流的贵族雇用奴隶,而被奴役者却是工具,即便是在斯多葛主义那里,也只是任凭习俗和机遇支配的奴隶[12]。那这些工具被用来做什么呢? 他们擦净宴会上的唾沫和呕吐物,切开饭桌上的珍禽,在公共场合给别人端茶送水,但在私下却要满足别人的淫欲——"因为他只在聚会上是个男孩,在卧室里他是个男人"。[13]他了解那些上流人士的品位,哪些食物"能让他喜笑开颜",哪些会让他"恶心想吐",哪些食物他"十分渴望""哪些食物让他开心";知道他喜欢跟谁一块儿用餐,知道谁"配不上他高贵的地位"。这种从权力的侧面切入、分门别类写好的详尽知识体系是为贵族群体而建立的,而他们则要依赖被奴役的劳动者们。

塞内卡为仆人订立的在家务中应承担的职能简直数不胜数:"厨子、面包师、按摩师、洗浴服务员、私人训练师、管家(大管事)。"[14]他的家务如此铺张,此外还会额外雇用美发师、客座发言人、贴身男仆、女招待、勤杂工和迎宾员、垃圾搬运工,以及那些管束病人和疯子的人。从早晨醒来一直到夜晚沉思的时光,都要依赖奴隶的帮助,需要他们帮忙处理贵族化日常生活中的诸多事务——在屋里满足主人所有心血来潮的奇想和需要,在屋外打理花园和土地。"从根本上讲,奴隶的出逃对主人来说是一种困扰……奴隶主们的财产在这方面所遭受的损失从来都不轻。"[15]这毫不奇怪。失去一名奴隶对家庭的生活方式和家政状况都会造成重大破坏。

塞内卡也许会在夜晚沉思该如何克制自己对家庭侍从的愤怒,这是因为,在他那个社会,鞭打一个在晚饭时间发出了太多噪声或是打扰了正在整理家庭账务的地主(或者说得更直接些,正如他自己所叙述的那样,"当灯光熄灭,连我的妻子也不再言语"[16])的奴隶一点儿也不奇怪。在就寝或清晨时通过沉思来预演管制措施,也许意味着这个奴隶不会逃跑,也不会在严酷的审讯下袭击你。

这就是塞内卡的境遇中以人道的方式对待奴隶所基于的社会基础,这也是对传统习俗做出的调整。而道德上的要求则更为崇高——就此而言,人人都在被奴役着。"告诉我谁能幸免于此!有的人被性欲奴役,有的人被贪婪奴役,还有的人被野心奴役——他们都是欲望的奴隶、恐惧的奴隶。"[17]奴役是一种精神状态，在这种意义上人人皆是如此。所以不要认为"朋友只能在集会场所或是议院的大厅里才能交到"。你的后院中和家务事里也有朋友。一个人的"衣着"或是"生活中的地位"与他们真正的自由毫不相关。[18]应该自由的是精神。

这既是斯多葛主义具有吸引力的一面，也是其有害的一面。我在整本书中自始至终都在努力将现代斯多葛主义往外在的方向引导——将它所承诺的在世性、连接性和人人共享的理性和人性都呈现出来。我也拓宽了意志和注意力的角度，以使人们能对在更广的范围内影响幸福的感觉印象加以关注。这就是斯多葛主义所做出的全数承诺及其所继承的苏格拉底式遗产：要针对看到的世界中的好事和坏事反复地审视和考察自身。对斯多葛学派而言，"虚假"的好事和坏事都与外部事物或中立之物有关，而它们与理性真正的善以及理性在德性上的完善都没有关系。

斯多葛学派从来不认为理性对外部资源来说是中立的。恰恰相反，智慧就是在大多数情形中都能选择或偏向与自然相合的善。我们偏好健康胜过疾病，偏好充足的物质条件胜过贫困，偏好善良的孩子和朋友胜过邪恶的人，这都是我们选择的。我们的这些偏好以及在错综复杂的行动世界中表现它们的方式，就是美德的具体体现。理性和理性的卓越与完善是真正的善，因为它们对我们的共同幸福而言是绝对必要的。显然，我们无法控制事情的所有结果，但是我们可以培育理性、求知欲、对真理的敬重，以及相信每个人都配享有足够的资源来对理性进行培育的信念。这是一颗斯多葛主义的种子，尽管它没有在他们那个时代生根发芽。

所以，对于构建一种现代斯多葛主义而言，斯多葛主义是否能应对得了这一挑战呢？

身处欧洲理性启蒙传统中的康德开启了这项工作。他发展了人人享有的理性的概念，而这也构成了作为人而非上帝、自然或宇宙的我们，为自身确立道德法则的基础。理性约束着我们，它也是普遍存在的道德责任和义务的根源，同时使责任和义务不因一时便利或私利而被取消。康德系统地构建起了人性的原则，以防止将人仅仅视为被明码标价以达成目的的工具，尽管他的学说比塞内卡的晚了近2000年，却绝不仅仅只是为人类的解放给出了一种理论模型[19]。

文本和语境

所以我们该如何对待有些观点存在道德问题的文本呢？要不要删掉？要不要不教授这些内容，或者更极端些，将该作者的全部作品都放弃？或者像斯多葛哲学家们那样，基于自身判断和灵活性来应对这些挑战？我选择后者。在这些情况中，我们面临的挑战在于理解我们并不身处其中的时代和受历史架构影响（有时甚至是深受其影响）的观念。

即使哲学伪装成超越历史的模样，但它向来都不与历史相割裂。即使某种哲学观点是"无中生有的"，它也是由有血有肉的人，基于特定的基础，被其所在的文化、实践和前辈们影响，又经常以对它们做出回应的方式得出的。

哲学以论辩之术为傲，但做哲学却绝不仅仅意味着单纯进行论辩。哲学是一种将追随者、忠实支持者和门徒们聚集起来的学科，就像在雅典、在绘有湿壁画柱廊的沉静气氛中，或是在吕克昂的健身场里，抑或是在学园里的人所做的那样。

但罗马斯多葛派思想家们比起亚里士多德和柏拉图，甚或那些在柱廊里进行集会的古希腊斯多葛哲学家们，仍然是一类不同的哲学家。他们不但论辩，还布道和说教，这也部分地解释了他们在历史上经久不衰的吸引力，这些都是斯多葛思想声势浩大的复兴背后的原因。斯多葛哲学可以是一种世俗宗教，也可以是一种专注于美德和道德进步而不进行宗教建设之积累的精神实践。

从历史的角度来说，斯多葛派所带来的影响明显地以其他方式表现了出来。早期的犹太教和基督教思想家从异教思想中吸收了一些观念，这也就解释了为什么很多人仍对斯多葛主义感到十分熟悉。斯多葛学派主张控制情绪和重振意志，以此对诱惑和突然的冲动或感觉印象保持警惕，这些都吸引着早期的西方宗教思想家。他们用斯多葛主义来诠释宗教文本并引导道德进步。

斯多葛主义就其自身而言，开启的是践行沉思的传统，而非表达崇拜的传统。斯多葛式的沉思不是东方实践中常见的那种让忙乱的心灵安静下来的方法，它最终致力于帮助人们在对日常生活中大大小小挑战的处理中寻求平静。它训练的是审慎而非畏惧，从某种程度上讲，审慎并不会使人迷失。

向前之路

我们生活在一个焦虑的时代。我们的政治观念遭到颠覆，民主制度遭遇威胁，对疾病的掌控力也遭遇考验。经济、社会和健康中的不平等将奴役之罪恶和美国的黑人歧视传统揭露了出来。道德愤慨普遍存在，失业率达到了自大萧条以来的最高水平，这一切都让人难以看清前路。我们需要领导者，需要教育，需要科学，需要更大程度的平等。

斯多葛哲学家们无法帮我们解决所有这些问题，但他们能在有些困境中给予我们慰藉——关于死亡的教导、面对恐惧的生活技巧、对那些不由自主的情绪进行管理的方法、准备好应对突如其来的变故的更好办法、能支撑坚韧品质的人际关联感，还有仁慈与感恩在我们生命中的重要性。塞内卡提倡培育人性，但这仍然是一项未竟的事业。我们不仅要对灵魂进行修补，也要对社会进行修补。"有些东西取决于我们，而有些则并非如此。"[20]问题的关键并不在于什么事情发生在了你的身上，而在于你做何反应。这些都是我们所熟知的爱比克泰德给出的教导。然而我们却无法接受爱比克泰德遭受奴役的历史事实，并以此为自己的退却做辩护。从我们当下的身份、所处的时代以及我们所面临的政治挑战来看，退却就是懦弱的表现。我们必须在那些无法接受的事情上做出改变。而我们要改变它就必然不仅要改变我们自身，也要改变将我们这个集体建构起来的制度以及社会结构。这是一项社会性的事业，需要社会大众的决心，也需要对共同人性的信念。这就是奥勒留在战场上目睹破碎的人体部位四处散落之时心中所想之事。他对自己写道，如果你让自己脱离了共同体和共同体的整体福祉，那这就是后果。你会使自己成为被放逐于人类群体之外的"流浪者"[21]。

斯多葛学派还就价值观的崩塌——虚假的荣誉、贪婪、过分唯物质论提出了警告。塞内卡还对极力要求下属忠诚的暴君提出了警告。他了解那些为宫中谋杀进行掩饰的演讲稿撰写者们。为了让忧心忡忡的民众冷静下来，他们书写仁慈，声称对对方的谋杀是终点而非更多杀戮的起点。塞内卡就是这样的一个演讲稿撰写者，他的双手也不干净。他的哲学作品充满了权力与害怕失去权力之间、忠诚及其代价之间、富裕与节制之间的张力。在某种程度上，他的写作是在祈求救赎。他为寻求自由而写作。

斯多葛主义是一种在面对威胁生存的严酷的外部制约时，延续和培养内在美德的方法。这是一种适合当时那个时代的哲学，让人感觉它就是为那个时代而生的哲学。然而我们是现代人，我们要从古人那里学习的还有很多，但也有一些错误是我们要避免的。斯多葛式的训练、坚韧、美德以及理性与合理性之间的纽带都能使我们团结起来，应对个人的和集体的挑战。但这只有当理性的血管中流动着同理之心和仁慈之情的血液时才能实现。这就是那条向前之路，那条健康的现代斯多葛之路。

致　谢

这本书写于疫情期间，在此期间我和生活在加州的子孙们彼此分离，也见不到我的朋友和同事。隔离中唯一的一点光明就是我远离了干扰，再加上意外获得的限时休假和研究假期，才使这本书的写作成为可能。我非常感谢乔治城大学，还有优秀的比尔·布拉特纳（Bill Blattner）主任一直以来给予的制度上的支持。在这段艰难的时光里，他用才华和鼓舞将我们整个系团结起来。我还要感谢乔治城大学的校长杰克·德吉奥亚（Jack DeGioia）、教务长鲍勃·格罗弗斯（Bob Grovers）和院长克里斯·切伦扎（Chris Celenza）的支持，尤其在这段时间里，我们作为教学、学习和研究的共同体以一种新的方式团结在了一起。

这本书在 2019 年秋季关于斯多葛伦理学的研究生讨论班上取得了良好的开端。那是一门气氛活跃的面授课程，学生和老师都以文本为导向进行讨论。课上既有热切的斯多葛支持者，也有热切的怀疑者。我要感谢课堂上的每一个人，他们让这些文本获得了新生。我尤其要感谢在那个学期加入讨论班的来自马里兰大学的哲学同行雷切尔·辛普瓦拉（Rachel Singpurwalla）和来自美国海军学院的马库斯·赫达尔（Marcus Hedahl）及迈克尔·古德（Michael Good）。我也要对课上的研究生们表示感谢——比巴·齐布拉利奇（Beba Cibralic）、克里斯托弗·科奇瓦尔（Christopher Kochevar）、埃莉莎·雷弗曼（Elisa Reverman）、梅甘·里茨（Megan Ritz）、安迪·沙利文（Andy Sullivan）、杰弗里·措伊（Jeffrey Tsoi），还有阿里·沃森（Ari Watson）——谢谢他们愿意参与研究这些陌生而又艰深的文本。

我还欠凯瑟琳·沃德（Katherine Ward）一个极大的人情，她是我的研究助理，现在是巴克内尔大学的助理教授。在整个过程中她以其一贯的冷静、高效、令人印象深刻的研究能力和卓越的判断力给予我帮助。

我已经在国内外的讨论班和讲座中阐述过这本书中的部分观点。我对这些热烈的讨论十分感激，同时也对那些邀请表示感谢。这些讲座和机构包括：美国海军学院的麦凯恩主旨讲座（The McCain Keynote Lecture），瓦萨学院（Vassar College）的布利根讲座（The Blegen Lecture），乔治亚州立大学的琼·比尔·布卢门菲尔德伦理学中心（Jean Beer

Blumenfeld Center for Ethics），维也纳的欧洲国际军事伦理协会（EuroIsme），哥本哈根的丹麦国际研究中心（Danish Institute for International Studies），阿姆斯特丹（迪门）的ARQ国家心理创伤中心（ARQ National Psychotrauma Center），西点军校的战争与和平伦理学主旨讲座（Ethics of War and Peace Keynote）；弗吉尼亚大学的中西战争与和平的伦理学讲座（Western-Chinese Ethics of War and Peace）；与新美国返乡对话基金会（Coming Home Dialogues with New America Foundation），波士顿的爱默生学院（Emerson College），得克萨斯大学的约翰·德伊书会［John Deigh Book Fest，我也在《哲学与现象学研究》（*Philosophy and Phenomenological Research*）书籍研讨会上以"羞愧与内疚：从德伊到斯特劳森和休谟，再到斯多葛学派"为题做了陈述）］，英国艺术与人文研究委员会（AHRC）的文化遗产及战争伦理学主旨讲座（Cultural Heritage and the Ethics of War Keynote，由于疫情原因我仅以书面的形式做了报告），以及贝塞斯达的美国国立卫生研究院生物伦理学系的生物伦理学联合研讨会（NIH Department of Bioethics, Joint Bioethics Colloquium, Bethesda）。

在阿姆斯特丹的ARQ国家心理创伤中心，我尤其要感谢安内利克·德罗根代克（Annelieke Drogendijk）、杰姬·琼·泰尔·海德（Jackie June ter Heide），还有马琳·范德芬（Marlene van de Ven）。我还要感谢巴特·瑙塔（Bart

Nauta）和阿尔特·范奥斯藤（Aart Van Oosten）所做的案例研究。我在旧金山的退伍军人保健系统与希拉·马根（Shira Maguen）和她的同事就道德创伤及其治疗进行过交流，也在波士顿退伍军人保健系统与布雷特·利茨（Brett Litz）进行过交流，我也要对他们表示感谢。我还要感谢丹麦国际研究中心的罗宾·肖特（Robin Schott）、约翰尼斯·朗（Johannes Lang）和乔安娜·伯克（Joanna Bourke），他们使我在坚韧和道德创伤的问题上进行了深入的思考。

感谢西蒙·德鲁对现代斯多葛主义的兴趣，也谢谢他将我引荐给鲍勃·辛波、多比·赫里恩、杰夫·勒施和谢米·谢思。感谢英国广播公司（BBC）邀请我与其他两位嘉宾马西莫·皮柳奇（Massimo Pigliucci）和唐纳德·罗伯逊（Donald Robertson）一起参与他们的广播论坛《处变不惊：斯多葛学派的故事》（*Calm in the Chaos: The story of the Stoics*）。这个节目使我对斯多葛主义以及我自身与斯多葛主义的复杂关系重新进行了思考。

多亏牛津大学出版社的编辑彼得·奥林（Peter Ohlin），这本书才能面世。他从一开始就极富热情。他是个敏锐又高效的读者，一课课一行行地对整本书进行编辑。所有的错误都应归责于我，但多亏了他，我才得以避免了更多的错误。能与他近距离地共事我感到十分快乐，尤其是在这样一个彼此分离的时期。我也要感谢代理人吉姆·莱文（Jim

Levine），是他从这本书的开端处看到了希望。他在关键时刻的敏锐判断力难能可贵。我也很感激牛津大学出版社的编辑助理埃米莉·班（Emily Bang），她帮忙为文稿编辑准备好了初稿。

塞内卡教导我们，如何表达感激十分重要。我先生马歇尔·普雷瑟是个风趣又机智的人。我希望我分有了一点儿他的幽默，假如我的确如此，那么现在我就可以讲个合适的笑话来表达我的爱和感激。但讲笑话是他的专长，不是我的。所以，马歇尔，感谢你自爱丁堡相遇后与我共度人生，感谢你与我组建家庭——我们了不起的孩子卡拉（Kala）和乔纳森（Jonathan），还有他们出色的伴侣——乔纳森的伊莱恩（Elaine）和卡拉的奥斯汀（Austin），以及乔纳森和伊莱恩可爱的孩子小马克斯（Max）。

南希·谢尔曼
马里兰州肯辛顿市
2020 年 8 月 27 日

注　释

第 1 课

［1］ 参见 Aurelius (2011, 8.34)。
［2］ 参见 Laertius (1925, 6.63)。
［3］ 参见 Woelfel (2011)。
［4］ 少部分人认为这部戏剧并不出自哲学家塞内卡之手，参见 Thomas (2003)。有关于此，感谢玛格丽特·格雷弗（Margaret Graver）、玛莎·努斯鲍姆和埃米·里克林（Amy Richlin）与我通信讨论。
［5］ 参见 Garnsey (1996, P.157)。

第 2 课

［1］ Wilson (2007, P.72ff.)。
［2］ 这里使用了 Wilson 的译本。Wilson (2007, P.73) 引用了《云》（362—363）。
［3］ Xenophon (2013, 5.4-5.7)。
［4］ 弗拉斯托（Vlastos）称之为"复合讽刺"Vlastos (1991, p.31)。
［5］ Plato (1978, 21d)。

[6] Vlastos (1991, p.36)。参见《会饮篇》的结尾部分,阿尔基比德阿斯对苏格拉底的分毫美德都感到十分向往(Plato, 1997a)。

[7] 参见 Frede (1987, pp.151-153)。

[8] 参见 Long (1999, p.623)。

[9] 参见 Long (1999, p.623)。

[10] Laertius (1970, 6.22-24)。其形象也可参考 Gerome (1860) 的精彩画作。

[11] Laertius (1970, 6.22)。

[12] Boissoneault (2017)。

[13] Schofield (1999b, p.64)。

[14] Laertius (1970, 6.29)。

[15] Laertius (1970, 7.32-34)。

[16] Laertius (1970, 6.41; 6.74)。

[17] Laertius (1970, 6.42)。

[18] Laertius (1970, 6.48)。

[19] Laertius (1970, 6.43)。

[20] Laertius (1970, 6.46)。

[21] Laertius (1970, 6.54)。

[22] Laertius (1970, 6.63)。

[23] Laertius (1970, 6.70-71)。

[24] Laertius (1970, 6.71)。

[25] 对古代哲学在集市中变化之背景的介绍,请参考朗(Long)和塞德利(Sedley)写的概论(Long & Sedley,1987b)。

[26] Schofield (1999b)。也参见 Schofield (1999a)。

[27] 正如 Schofield (1999b, p.25) 中所引用的普罗塔克之言(Plutarch, 1034F)。

[28] Schofield (1999b,p.67) 所引的尤西比厄斯(Eusebius)的阿里乌斯·狄迪莫斯。也参见 Schofield (1999b, p. 67) 西塞罗《论神性》(De Natura Deorum) 2.3。

[29] Aristotle (1984a, NE 1097b11); Laertius (1970,7.24)。

［30］Laertius (1970, 7.2)。
［31］Laertius (1970, 7.21)。
［32］关于这些研究领域在何种程度上相关联的争论，请参考为朱莉娅·安纳斯（Julia Annas）的著作 *The Morality of Happiness* 所开的研讨会（Annas,1995; Cooper, 1995; Sherman, 1995）。
［33］Laertius (1970, 7.111-112)。
［34］Laertius (1970, 7.171)。
［35］Laertius (1970,7.171)。
［36］理性启蒙时期卓越的哲学家伊曼努尔·康德在其伦理学著作中所持有的规范性观点与斯多葛学派处于同一立场，他认为情绪可能是过分的或非理性的，因此就其自身而言也不是可靠的道德动因。康德从斯多葛学派得到了关于情绪问题的启发，并且将之整理进他自己那些常不受重视的、关于情绪如何在道德生活中扮演重要角色的复杂观点之列，对这一点的批判，参见 Sherman (1997b)。
［37］我受到米里亚姆·格里芬（Miriam Griffin）对西塞罗的导读（1991）以及金（King）对西塞罗的导读（1927）的启发。
［38］Seneca (2015, 108.15-16)。关于塞内卡的生动传记，请参见 Wilson (2019)，我从这本小传中受益匪浅。我也从经典的 M.Griffin (1976) 中受益良多。
［39］Wilson (2019)。
［40］Wilson (2019)。
［41］尤其请参考《书信集》102 和 79.13。在后一篇文章中，他讲到"荣誉是美德的影子"。（Seneca, 2015）于此，我受惠于与爱德华（Edwards）在 Edward (2017) 中进行的关于塞内卡对进阶荣誉之追求的良好讨论。
［42］尽管已有了科拉·卢茨（Cora Lutz）1974 年出版的重要译本（Rufus, 1947）。较近的译本还是请参考 C.King (2011)。也可以参考努斯鲍姆那篇质量上佳的文章（Nussbaum, 2002）附录中的译文。

[43] Tacitus Annales xvi.32, Tac.Hist.i.14; 17，参见 Parker (1896)。
[44] Parker (1896)。
[45] Nussbaum (2002, p.287)。
[46] 参见玛格丽特·格雷弗为斯坦福哲学百科（Stanford Encyclopedia of Philosophy）编写的"爱比克泰德"条目（Graver, 2017）。
[47] 有关这里爱比克泰德的简短传记，我受益于托尼·朗（Tony Long）对爱比克泰德所作的上佳研究，尤其是他在 Epictetus (2018) 和 Long (2002) 中所写的导读。
[48] Epictetus (1995, 3.6.10)。
[49] 这是为数不多，甚至是唯一幸存下来的古代骑马雕像。巴尔的摩沃尔特斯艺术博物馆（Walters Art Museum）的一段关于他们收藏的缩小版纪念雕像的注释与此相关：关于其起源，他们指出，"它于公元176年被供奉——是唯一幸存下来的古代骑马雕像。因为它被认为是代表第一位基督教皇帝君士坦丁，才免于炮火的毁坏。在16世纪早期，这位骑马者被正确地重新认定为罗马皇帝马可·奥勒留"（"马可·奥勒留骑马像"）。
[50] Inwood (1999, p.676)。
[51] Philo (1953,4.16-19; 4.73)。
[52] 大概是同一时期的塞内卡也许关于阈值情绪会做出与之相似的阐述，这可能根源于共同的早期斯多葛思想（Graver, 1999）。也参见 Sorajbi (2000)。
[53] 就像 Schofield (1999b,p.108) 中所引用和讨论的那样。关于篇章的来源，请参见 Aristotle (1984a, NE I.7 1097b7-11)。
[54] Sorabji (2000, pp.8-9)。
[55] 关于从"斯多葛主义的激动到基督教的诱惑"的复杂路径，请参考 Sorabji(2000)。索拉布吉（Sorabji）指出，非基督教的思想资源，比如波菲利，就赞同恶魔可以煽动不安的情绪 (Sorabji,2000,p.348)。
[56] Erasmus (1501/1905, pp.10,88-119)。
[57] 参见 Stoughton (2015)。

[58] Montaigne (1957/1595,1.14); Schaefer (2001)。关于蒙田本人的生活方式，参见 Montaigne (1957/1595, 3.13)。关于蒙田论醉酒，参见 Montaigne (1957/1595, 2.2)。

[59] Schneewind (1990, pp. 224-236)。感谢卢华萍（Huaping Lu-Adler）就笛卡儿以及斯多葛之影响与我进行交流。

[60] 更多有关斯多葛对康德影响的讨论，参见 Sherman (1997b, esp. Ch.3, "Stoic Interlude")。

[61] Kant (1974, p.147)。这些评论都十分简略。对康德情感学说更为全面的研究，参见 Sherman (1990, 1995b, 1995c, 1997a, 1997b, 1998)。

[62] 参见 Montgomery（1936）。

第3课

[1] 更具体来说，是美国国家过敏与传染病研究所。

[2] Baker (2020)。

[3] Cicero (2002, p.222)。

[4] Sanger, Lipton, Sullivan, & Crowley (2020)。一份被披露的报告草稿从头到尾都展现了信息上的和缺乏机构协调上的"混乱"（Lipton et al., 2020）。

[5] Epictetus (1925, 1.6.30)。参见唐纳德·罗伯逊的工作，比如：(D.J.Robertson)。他是这样对之加以解读的："我们不应当静待他人的帮助，而应当学会自立且在必要时候采取行动。"

[6] 这也就引出了斯多葛哲学家是否像亚里士多德那样为奴隶制度做辩护的问题。我将在第9课讨论这个问题。对斯多葛文本的述评，参见 D. Robertson (2017)。有一个对这个问题的开创性讨论，参见 Finley（2017，初版于 1980）。

[7] Aurelius (2011,7.13)。此处的翻译进行过简单的修订。

[8] Luna, St. John, Wigglesworth, Lin II & Shalby (2020)。

[9] Aurelius (2011,7.9)。

［10］ Aristotle (1984a, NE 1.5 1095b33ff)。

［11］ Aristotle (1984a, NE 1.9 1099b24)。

［12］ Aristotle (1984a, NE 1.10 1101a5-7)。关于亚里士多德伦理学中幸福和善之脆弱性的开创性研究，参见 Nussbaum (1986)。

［13］ Aristotle (1984a, NE 1109b22, 1094b25, 1094b21)。对亚里士多德伦理学的更为广泛的探讨，参见 Sherman (1989, 1997b)。

［14］ Long (1968)。要注意的是，芝诺是学园的第三任领袖波莱谟（Polemo）的学生，而亚里士多德在建立吕克昂学院之前曾在这个学园里学习了 20 年。因此他可能对亚里士多德的观点较为熟悉。(Rist, 1983)

［15］ "一般而言"，这两种类型并不都体现为我们偏好或拒斥的东西。此外，存在一些我们既不偏好也不拒斥的中立之物，它们不会就自然而言以这样或那样的方式驱迫我们——比如"某人头发的数量是奇数还是偶数"(Long & Sedley, 1987b, 58B; Diogenes Laertius 7.104-5, SVF 3.119)。

［16］ 参见吉尔（Gill）关于抱负所做的有益评论(Gill, 2019, Ch.2)。他的观点与我的观点相重合，我认为对道德进步者的生活本身而言，道德进步是一种重要的生活方式，而不仅仅是对圣人般理想化的生活所做的准备。

［17］ 这是一种亚里士多德在其伦理学中经常提及的担忧，尤其是在(1984a, 10.7-8)。参见 Sherman (1989,pp.94-106)。

［18］ Epictetus (2018, Encheiridion 1)。

［19］ Seneca (1995a, 2.3-4)。

［20］ Seneca (1995a, 2.4)。

［21］ Epictetus (2018, Encheiridion 5)。

［22］ 基于当代哲学文献对之进行的卓越探讨，参见 Ward (2020)。在此领域中已有的重要工作，参见 Fricker (2007)。

［23］ 斐洛强调时间是对感觉印象之接受进行心理控制的重要方面。所以，在解释亚伯拉罕跑去见 3 个承诺他们明年会回来并且撒拉必生一个儿子的人（《创世记》18.2）时，斐洛说："这给了我

们警示，提醒那些不管发生了什么都不进行反思和思考就匆忙行事的人，他们不首先进行思考和观察，这件事教导他们在清楚地看到和掌握了事情是什么样子之前不要冲动行事。"（Philo, 1953, 4.3）

［24］ 万斯·帕卡德（Vance Packard）1957 年出版的同名书籍所使用的具有先见之明的术语（Packard, 1957）。

［25］ 关于我和斯托克代尔的讨论和访谈的更多内容，参见 Sherman (2005b)。我会在第 6 课来详细阐述斯托克代尔的斯多葛主义。

［26］ 关于塞内卡的公务员生涯及其退隐经历，参见 M.Griffin (1976, pp315-366)。

［27］ Seneca (1935, On Leisure 4.1)。

［28］ Seneca (1935, On Leisure 3.3)。

［29］ Seneca (1935, On Leisure 6.3)。

［30］ 关于斯多葛主义理智德性的概念，参见 Sherman & White (2007)。

［31］ Epictetus (1995, 3.12.16)。

［32］ Cicero (2002, 3.29)。

［33］ Cicero (2002, 3.30)。

［34］ Cicero (2002, 3.52); Long & Sedley (1987a, 65B; Andronicus, On Passions 1, SVF3.391, part)。

［35］ Cicero (2002, p.222)。

［36］ 这是古代悲剧的传统的教育性功能——对生活的模仿。关于悲惨意外和这类想象的反思，参见亚里士多德的《诗学》（Poetics）（Sherman, 1992）。

［37］ Cicero (2002, 3.58)。

［38］ 认知行为疗法（CBT）早期版本的两名创始人艾伯特·埃利斯（Albert Ellis）和阿龙·贝克（Aaron Beck）都承认这一点：(Beck, 1975; Ellis, 1962)。需要注意的是，在军队共同体内部有一种趋势要使用"创伤后应激（post traumatic stress，简称 PTS）"这个去掉了代表"障碍"（disorder）的字母"D"的术语，否则很多人都认为它带有贬低性意味。对此的争论在于，兵役人员不是

带着"肢体障碍"（limb disorders）而是带着"肢体伤痛"（limb injuries）回家的，心理伤痛应得到同等对待。也有人争论道，只要创伤后应激是对面临存在压迫性生命威胁非正常情形时的正常反应，那么"障碍"（disorder）的概念就错误地表达了这种反应的特征。在前面的讨论中为了保持术语上的一致，我使用的都是"PTSD"，因为我将引用的文献都使用了这一术语。这本书的其他地方我都去掉了"D"。

［39］ Hendriks, de Kleine, Broekman, Hendriks, & van Minnen (2018)。
［40］ Badura-Brack et al. (2015); Lazarov et al.(2019); Ilan Wald et al. (2013)。
［41］ I.Wald et al. (2016, p.2633)。
［42］ Cicero (2002, 3.58)。
［43］ 我在 Sherman (2010) 中将之称为"因意外而生的愧疚（accident guilt）"。亦参见 Sherman (2011)。
［44］ 对这一点的延伸讨论，参见 Sherman (2010, 2015a)。
［45］ Epictetus (2018, 4)。
［46］ Epictetus (2018, 4)。
［47］ Epictetus (2018, 3)。
［48］ Epictetus (1925)，采用了 Long & Sedley (1987b, 58J) 的翻译。
［49］ Epictetus (1925, 2.10.5-6)，追随 J.Klein (2015, pp.267-268) 的对欧德法乐（Oldfather）译本有所修订的翻译。
［50］ 所对应的希腊词是 huperairesis。在拉丁语中常作 exceptio。参见 Inwood (1985, pp.119-126)。与之相反的观点认为，这种保留并不涉及有条件的冲动，也没有证据表明斯多葛逻辑学和心理学会共同发挥作用，参见 Brennan(2000)。
［51］ Seneca (1932b, 13.2-3)；斜体字标注。
［52］ Epictetus (2018)，我追随 Brennan (2000, p.151) 使用的是修订过的翻译。
［53］ Long & Sedley (1987b, 65E; 65W, SVF3.564); Stobaeus (1999, 2. 115. 5-9)。

[54] 对这一批判的有力而又审慎的评估，参见 Brennan(2000)。
[55] Brennan (2000, p.164)。
[56] Seneca (1932b, 13.3-14.1)。
[57] Cicero (2001, 3.22) 和安纳斯及伍尔夫（Woolf）的注释。对任务（或结果）和目的（或目标）之差异的讨论，参见 Inwood (1986)。
[58] 感谢巴特·瑙塔，他为我提供了他对阿尔特所做的采访的简短译稿（这里我对之稍作修订）。原始版本的采访参见 Nauta(2019)。
[59] 这种观点自亚里士多德起就为我们所熟知。特定的技能就像医术，"医术的功能不在于成就健康，而在于达到使病人可以逐渐恢复健康的程度为止"（Aristotle,1984c,Rhetoric 1355b10-13）[中译参考《亚里士多德全集（第九卷）》，北京：中国人民大学出版. p.337。——译者注]。这些都是具有"随机性"的技能，在这些技能下，仅仅完成任务与完美地实践这些技能有所不同；即使没有很好地达成我们希求的结果，我们也许仍然完美地实现了这些技能。相关的讨论参见 Inwood (1986)。
[60] Lamas (2020)。
[61] 巴尔巴罗（Barbaro）回忆他在播客中对福奇的采访（Barbaro, 2020a）。
[62] Von Armin [1964, SVF 2.117, SVF 3.95 (Stobaeus Eclogae) 2.58]。

第 4 课

[1] Egan (2020)。
[2] 就像这里所说的（Editorial Board,2020）。
[3] 在我们列出这一普遍观点时，要牢记这只是个简化版本。斯多葛思想跨越了至少 500 年，它的特点是学院之间存在着大量的内部辩论和或多或少的彼此同情，也包括个体斯多葛思想家与这些学院进行的对话。
[4] 在这个四重分类之下的子类清单，参见 Long & Sedley (1987b,

65E); Stobaeus (1999, 2.90, 19.9; SVF 3.394, part)。

［5］ 一个有益的评价参见 Brennan (2005)。
［6］ Seneca (1995a,2.2.3-4)。
［7］ Cicero (2002, 3.75-76)。更多的讨论见 Sherman (2005b, pp.143-149)。
［8］ tou logou diastrophas (Von Arnim,1964;SVF 1.208)。也参见 Seneca (1995a,3.15)："背离理性。"
［9］ Long & Sedley (1987b, 65J,Galen, On Hippocrates' and Plato's doctrines 4.2.10-18; SVF 3.462, part)。
［10］ Seneca (1995a,1.74;2015,3.14; 亦见 3.16.2)。
［11］ 格雷弗评论道，塞内卡将欢愉讲成"欢欣""精神的振奋"，这在情感上与寻常人面对婴孩之新生和选举之胜利时的兴奋相似。参见 Graver, "Ethics II: Action and Emotion" in Damschen (2014, 272.3)。
［12］ Long & Sedley (1987b, 65F Diogenes Laertius 7.116; SVF 3.431)。
［13］ Stobaeus, 2.7.11M, 正如 Graver (2007, p.179) 所引并稍作修订。
［14］ 正如格丽特·格雷弗所指出的，这里提及的情感——善意（eunoia），鼓励（agapasis）和致意（aspasmos）——都属于圣贤被培育出的优质（或良好）情感，尤其是，从属于真正的理性欲求的情感——意愿（boulesis）——敏于追求善好或美德，并以之为目标（Graver, 2007, pp.179, 58）。
［15］ Seneca (2015, 11.7)。
［16］ Seneca (1995a, 2.3.2-3)。
［17］ Seneca (2015, 9.3)。
［18］ Gellius (1927, Vol.3,19.1)。
［19］ 前情绪（propatheiai）也许与神经生理学家约瑟夫·勒杜（Joseph LeDoux）在其早期研究（LeDoux, 1996, 2015）中所谓"低路情绪"，或是快速过程的杏仁核反应相类似，这样的观点参见 Sorabji (2000, pp.145-150)，参考 LeDoux (1996, pp.138-178)。鉴于塞内卡的全部例子五花八门，一些对这种特定类比的有意义的怀疑参见 Graver (2007, p.97)。

[20] 当前哲学家和心理学家中最主要的理论是认知理论。哲学中的认知情绪理论,参见 Robert (2009); Deigh (1994); Nussbaum (2001)。心理学中的认知情绪理论,参见 Nico Frijda 在(N. H. Frijda, 1986)中的工作,以及在其影响下的工作: Ortony (1988); Oatley (1992); Scherer (2005)。

[21] Seneca (1995a, 1.1.4)。

[22] Seneca (1995a, 3.4.4)。

[23] Homer (1999, 22.398-405; 24.64-65)。

[24] Seneca (1995a, 3.16.1; 3.27-26; 2.34.1)。

[25] M.Klein (1984, p.68)。

[26] Strawson (1962)。关于反应态度如何与道德创伤发生关系,参见 Sherman (2010, 2015a)。

[27] Hill et al. (2020)。与此相关,从塔那西斯·科茨在他于《大西洋月刊》(Atlantic)上发表的一篇文章中向那些以画红线的做法让非裔美国人无法拥有自己家园的行为索取赔偿,我们可以看到愤怒在这一呼吁中发挥的重要作用(Coates, 2014)。早期还有过一次关于在非裔美国人的抗议中对愤怒所发挥的作用之分歧的讨论[具体来说,是布克·T. 华盛顿(Booker T. Washington)和 W. E. B. 杜波依斯(W. E. B. Dubois)之间的争论],参见 Boxill (1976)。

[28] Lewis (2020)。

[29] Nussbaum (2015, 2016)。

[30] Nussbaum (2015, p.49)。

[31] Nussbaum (2015, p.49)。

[32] 她列出了有尊严的人生最起码包含的 10 项核心能力,参见 Nussbaum (2011, pp.31-35)。

[33] 努斯鲍姆在其"过渡性愤怒"的概念中对这种冲动加以维护。Nussbaum (2015,)。

[34] Gafni & Carofoli (2020);也参见 Ismay (2020)。

[35] Garland (2020)。

［36］ Seneca (1995a, 3.3.1—5)。亚里士多德在《尼各马可伦理学》中论及愤怒（Aristotle, 1984a, 2.9 及 4.5）。在 2.9 中，他提出在特定情形中确定何种程度、类型的愤怒是合适的，这是个实践智慧的问题："我们对它们的判断取决于对它们的感觉"（1109b15-25）（中译本参考《尼各马可伦理学》，北京：商务印书馆，2003，廖申白，p.57。——译者注）。

［37］（Aristotle, 1984a, 1109b15-25）。

［38］ Plutarch (2000, 464c-d; 453d); Seneca (1995a, 2.12.3-4)。

［39］ Long & Sedley, (1987b, 65E, Stobaeus 2.90, 19-91, 9, SVF 3.394, part)。

［40］我从德布拉·卡茨（Debra Katz）律师的私人讲座中获得启发，他在国会代表克里斯蒂娜·布拉塞·福特。那次讲座是于 2020 年 4 月 26 日在华盛顿特区面向一个小组做的。

［41］"福特引用海马体对宣称遭到的侵犯进行回忆"（2018）。

［42］ Zhouli (2018)。

［43］美联社 (2018)。

［44］就像他大学的朋友说的，他喝醉后就变成了这样（纽约时报，2018）。

［45］尤其可以参考当参议员埃米·克洛布哈尔（Amy Klobuchar）问他喝酒后是否会"晕倒"时他的言辞（"卡瓦诺质疑那种认为自己喝酒时'好斗'的说法"，2018）。

［46］"当认为自己受到委屈时首先感受到的精神上的冲击。"它也可能"发生在最为智慧的人身上"（Seneca, 1995a, 2.2.2）。

［47］即使我们坚持将愤怒视为一种前情绪，它也在认知上比单纯精神上的或身体上的震颤更为有力。塞内卡对初步情绪给出了一个集合——脸色苍白、流泪、涨红了脸、坐立不安、勃起、"精神冲击"和"身体躁动"。但也存在更多认知上丰富的"情绪前奏"。所以他让当时的人想象阅读《理想国》最后十年中发生的事件——"我们时常对造成西塞罗之流放的克罗狄乌斯（Clodius）和杀害西塞罗的安东尼感到愤怒。有谁面对马里乌斯（Marius）拿起的

武器或苏拉（Sulla）的排挤时无动于衷？有谁面对狄奥多图斯和阿基里斯或确对这个犯下如此不像孩童所为之罪行的男孩时不感到愤怒呢？"这些都是情绪前奏，因为它们都是"不被希望调动起来的心灵运动"（Seneca, 1995a, 2.2.3-5）。情绪所缺乏的并不只是思考的过程，情绪所缺乏的是现在心理学家称为"行动倾向"的东西（Nico H.Frijda, 1987）。

[48] 西塞罗论第二层次评价判断的进步——在感到悲痛的情形中以哀悼行为排解之——参见 Cicero（2002, 3.76）。
[49] Winger (2020)。
[50] 斯多葛主义所建立的心灵模型是物理性的。情绪有时被描述为理性之"张力"所发生的变化，它表现为"紧缩、畏缩、撕裂、膨胀和伸展"（Long & Sedley, 1987b, 65K, Galen, On Hippocrates' and Plato's doctrines 4.3.2-5; Posidonius fr.34, part）。
[51] 医院的护士不能进行这样的哀悼，因为他们甚至不知道殉职人员的名字，有关于这一点，参见 Jewett & Szabo (2020)。
[52] Cicero (2002, 3.76)。
[53] Cicero (2002, p.xv)。同样，我非常感谢玛格丽特·格雷弗对这本书的导读、翻译和重要的评注。
[54] Cicero (2002, 3.76)。
[55] Cicero (2002, 3.77)。
[56] Cicero (2002, 3.79)。
[57] Seneca (2015, 63.1)。
[58] 在 Seneca (2015, 99.14) 中，塞内卡使用了咬（morsus）这一斯多葛术语，也即一阵刺痛："你所感受到的不是悲痛而只是一阵刺痛：是你自己把它当成悲痛的。"
[59] Seneca (2015, 99.18-19)。
[60] 一个颇具洞见的关于持久悲痛所反复感到的苦恼的细致研究，参见 Boelen（2019）。他说明了对处于风险中的人在头 6 个月进行早期识别和治疗的重要性。他还指出，处于危险中的人普遍渴望看到失去的亲人。这种渴望和执着就是斯多葛学派视为纵

容的态度。

[61] Seneca (2015, 99.21)。
[62] Seneca (2015, 63.11)。
[63] Seneca (2015, 63.14)。
[64] Seneca (2015, 27.1)。
[65] Seneca (2015, 68.9)。

第 5 课

[1] Westover (2018)。

[2] Epictetus (1995), 29.4。
[3] 例如，Bonanno (2004); Fleming & Ledogar (2008); Konnikova (2006); Reivich & Shatte (2002)。
[4] 参见 Stanton (1968)。
[5] Aurelius (2011, 5.6, 5.30, 6.7, 7.74; 5.6, 6.42)。这是一幅有机的图景，根植于地方文化和民族差异的有机共同体并不总是提倡广泛的人文主义。这是个现代的争论，奥勒留本人的政治思考尚未对此有所涉及。关于我们当代的争论，参见 Nussbaum & Cohen (1996/2002)。
[6] Aurelius (2011, 7.13)。
[7] 对舞蹈和战争中动感共鸣及同步行动的反思，参见 Sherman (2018, 2020)。
[8] Aurelius (2011), 7.9; 6.42。
[9] Aurelius (2011, 6.48)。参见 Caston (2016) 和 Gill (2016) 中的章节。
[10] Aurelius (2011, 6.30)。
[11] Aurelius (2011, 1.1-17)。
[12] Aristotle (1984b, 1.1-2); Annas (1993, pp.148-149)。
[13] 一个很好的综述，参见 J. Klein (2016)。
[14] Cicero (2001, 3.23)。更普遍的说法参见 3.20-23。关于就自然而言的社会性，参见 Cicero (2001, 3.66-70)。

[15] Aristotle (1984a, 9.8, 1168b29-69a11)。
[16] Seneca (2015, 73.7-8)。
[17] 例如,启蒙哲学家伊曼努尔·康德就受到斯多葛学派的深刻影响。他提出了著名的以实践理性原则建构理想的道德国家的观点。他并没有完全发展出一套学说来解释我们如何在相互支持的关系中团结在一起,或如何通过互惠和同情的关怀变得更加强大。但关于如何充实出一幅更加完整的图景他还是给出了很多暗示,我在 Sherman (1997b) 中讨论了这一点。
[18] Seneca (2015, 62.2)。
[19] Fitch (1987)。
[20] Seneca (2015, 42.1)。
[21] Philo (1953, 4.16)。
[22] Seneca (2015, 67.2)。亦参见格雷弗和朗关于这一书信关系的介绍。
[23] Seneca (2015, 102.18)。
[24] Seneca (2015, 67.2, 34.1)。
[25] Seneca (2015, 35.3)。
[26] Seneca (2015, 35.3)。
[27] Cicero (1991, 1.107-125); Epictetus (1983, 17)。参见 Gill (1988)。
[28] 关于这一点,更多内容请参考 Sherman (2005b, Ch.3, "Of Manners and Morals")。
[29] Seneca (2015, 36.4)。
[30] Baltimore Sun Staff (2019)。
[31] 参见 CNN Politics (2019)。亦见 C-Span (2019)。
[32] Long & Sedley, [1987b, 57G; Hierocles (Stobaeus 4.671), 7-673, 11]。
[33] Plato (1997a, Republic 5); Aristotle (1984d, Politics 2.21, 1262b16)。
[34] Hume (1968, 579)。
[35] Smith (2000, 1.1., pp.3-4; 1.2., p.23)。
[36] Seneca (2010, 75-108)。

[37] Seneca (2010, 610)。
[38] Seneca (2010, 635)。
[39] Seneca (2010, 1148)。
[40] Seneca (2010, 1200)。
[41] Seneca (2010, 1236-1238)。
[42] Seneca (2010, 1265)。
[43] Seneca (2010, 1275)。
[44] Seneca (2010, 1248-1250)。
[45] 我要感谢杰姬·琼·泰尔·海德在阿姆斯特丹的 ARQ 国家心理创伤中心报告了这个案例，并且随后对此问题做出了回应。

第 6 课

[1] "Courage Under Fire"，见 James B.Stockdale (1995, p.189)。
[2] Yablonka (2006)。
[3] 对斯托克代尔之斯多葛主义的早期阐述，参见 Sherman (2005b，尤其 Ch, 1, "A Brave New Stoicism" 及注释）。西比尔和吉姆的回忆录，参见 James B. Stockdale & Stockdale (1990)。
[4] Epictetus, (1995, 2.22.11)。
[5] Litz, Lebowitz, Gray, & Nash (2016, p.21)。亦见 Litz, Stein, Delaney, Lebowitz, Nash, et al. (2009); Maguen & Litz (January 13, 2012)。非常感谢这些年来比尔·纳什（Bill Nash）、布雷特·利茨和希拉·马根跟我做的交流和一起开过的研讨会。
[6] 这个故事在丹·欧布赖恩（Dan O'Brien）的戏剧中得到了重现。2016 年 3 月，我在华盛顿特权的 J 剧院（Theater J）观看了这部戏剧。
[7] Chivers (2018, pp.6-24, 119-121)。我要感谢克里斯·奇夫斯关于《战斗者》中这一说法与我做的交流和回应。我在乔治城和奇夫斯以及其他人［其中包括《大西洋月刊》的詹姆斯·法洛斯（James Fallows）］进行过一段关于道德创伤的对话［当时正

好是2015版《战后》（Afterwar）的发行时间］，参见 Sherman (2015b)。
[8] 从哲学的角度进行的对道德创伤更为一般的治疗，参见 Sherman(2015a)。
[9] Plato (1989, 2016a-b)。参见 Graver (2007, pp.191-211) 的富有洞见的研究。
[10] 对阿尔西比亚德斯论意志和抱负之薄弱性的重构，参见 Callard(2018)。
[11] Cicero (2002, 3.77, 34-35)。
[12] Cicero (2002, 4.61-62)。
[13] 在可被允许的间接杀人这个问题上，我沿用了 Walzer（1977）的立场："双重影响是合理的……唯当这两个结果是一个二阶意图（double intention）的产物：第一个意图在于那个'好'被实现了出来；第二个意图则在于，可预见的灾祸被尽可能地减少"（pp.155-156）。
[14] 对比前美国海军海豹特种部队军士长埃迪·加拉格尔（Eddie Gallagher）的态度及其战友对他的杀人癖的反感。参见戴夫·菲利普（Dave Philipp）对这件事的报道（Philipps, 2019）。
[15] Seneca (2010, p.1265)。
[16] 我要感谢自己有机会于2019年秋季在西点军校参加关于道德创伤的主旨讨论，参见 Tessman (2019)。Lisa Tessman 讨论了恰当却不公平的反应态度这一概念，这里我就是参考了她的概念。更多服役人员不为人知的战争创伤的故事以及返乡后治愈这些创伤的挑战，参见 Sherman (2015a, 2010)。
[17] Seneca (1985, 2.6.3-7.1)。
[18] Seneca (1985, 1.7)。
[19] Seneca (1985, 2.4.4; 2.7.4-5)。
[20] Seneca (2010b, 748)。
[21] Seneca (2010b, 764)。
[22] 这对从事治疗性道德治愈工作的临床医生来说是不可忽视的，

尤其是在一种叫作"适应性揭露"（adaptive disclosure）的技术中（Litz, Lebowitz, Gray, & Nash, 2016; Griffin, Worthington, Davis, Hook, & Maguen, 2018; Griffin, Cornish, Maguen, & Worthington, Jr., 2019; Purcell, 2018）。同样，我还是要感谢布雷特·利茨、比尔·纳什、希拉·马根、布兰登·格里芬（Brandon Griffin）和纳塔利娅·珀塞尔（Natalie Purcell）与我进行的关于自我谅解的对话，还有退伍军人管理局所做的适应性揭露工作。

第 7 课

[1] Laertius (1970, 7.2)。
[2] 很多年以前瑞安·霍利迪采访了我（Holiday）。Medium 的技术记者杰夫·贝尔科维奇（Jeff Bercovici）找到我并且想就他报道的事件"全新的硅谷生活诀窍：死亡"采访我的时候，我刚开始对斯多葛思想和对抗死亡的生活诀窍进行思考（Bercovici, 2018）。我在本课中利用这些故事来追踪硅谷对斯多葛主义的兴趣: Alter (2016); Benzinga (2020); Bowles (2019); Carr & McCracken(2018); Dowd (2017); Fowler (2017); Goldhill (2016); Margolis(2019); Richard & Feloni (2017); Rosenberg (2020); Schein (2019)。
[3] Raymond (1991, p.189)。
[4] "Lifehack"(2020)。
[5] Ferriss (2017)。亦见 Western, D。
[6] Cicero (2002, p.222)，引自 Galen, Precepts of Hippocrates and Plato, 指的是克利西波斯或波西多尼乌斯（Posidonius）。
[7] Epictetus (1983, p.1)。
[8] Western, D。
[9] Aristotle (1984a, 3.7; 1.2)。
[10] 儿科研究人员表明，种族主义是对健康起决定性影响的社会因素，对儿童、青少年、年轻人及其家庭的健康状况具有深远影

响。参见 Trent, Dooley, & Douge (2019)。
[11] Ozuah (2020)。
[12] Maslin Nir (2020)。
[13] Corasaniti (2020)。
[14] Timberg (2016)。
[15] Seneca (1995a, 2.4)。
[16] Seneca (1995a, 2.3)。
[17] Seneca (1995a, 2.3)。
[18] Kahneman (2011)。
[19] 有关构成肠‐脑轴之部分的内分泌、神经、免疫系统的双向通路，参见 Clapp et al.(2017)。
[20] Drew (2020a, 2020b, 2020c)。
[21] 一个有关于此的重要提醒，参见萨尔瓦多·米纽琴（Salvador Minuchin）所做的关于家庭的开创性研究（Minuchin, 1974）。
[22] 这篇报道出自由诺埃尔·金（Noel King）主持的 NPR 早间新闻 (N. King, Kwong, Westerman, & Doubek, 2020)。
[23] Cicero (1991, 1.99)。
[24] Benzinga (2020)。
[25] Braun (2019)。
[26] Twitter (2020)。
[27] 对此的讨论参见 Astor(2019)。
[28] Warzel (2020)。
[29] M. Anderson, Barthel, Perrin, & Vogels (2020)。
[30] 参见 Maslin Nir(2020)。要注意的是，克里斯蒂安·库珀反映，推特上的"疯狂"导致阿曼达·库珀（Amanda Cooper）的账号"被注销"，她还被所在的投资公司解雇，这些都使他感到非常不安："仅仅通过几秒钟的视频呈现出的所做所为就定义一个人，我对此感到十分不安。这无可争辩地就是种族主义行为，但这是否就决定了她的整个人生呢？我不知道。只有她，才能通过她未来的所作所为告诉我们这是否就决定了她的一生。我无法

[31] 回答。所以这种疯狂正是造成我不安的根源。"来自《纽约时报》播客《每日新闻报》(The Daily) 的存档文本 (Barbaro, 2020c)。的确,存在一些由数字化服务激发的社会行为所导致的恶。关于杰克·多西对推特之错误的反思,参见他在《每日新闻报》播客中与迈克尔·巴尔巴罗 (Michael Barbaro) 所做的访谈 (Barbaro, 2020b)。关于阻止推特上的社交媒体愤怒并使之达成团结,有一个富有洞见的案例研究,参见 Barbaro(2020d)。就在这本书即将出版的时候,推特和脸书在特朗普总统通过这些平台煽动了 2021 年 1 月 6 日的国会围攻事件之后,已经封禁了他的账户。

[32] Cuccinello (2020)。
[33] Schleifer (2020)。
[34] Seneca (1995b, 2.10-11)。
[35] Seneca (1995b, 1.11.6; 1.12.3)。
[36] Seneca (1995b, 1.4.2)。
[37] Seneca (1995b, 2.18)。对塞内卡论赠予恩惠的更为完整的讨论,参见 Sherman (2005a, Ch.3, "Manners and Morals")。
[38] Cicero (2001, 2.118)。
[39] Strawson (1993, p.49)。
[40] 有一段富有洞见的论述,参见 Bercovici (2018)。
[41] Seneca (1932, 11.6)。
[42] Plato (1997b, 64a)。
[43] Seneca (2015, 54.5)。
[44] Seneca (1932a, 10-12)。
[45] Recode Staff (2017)。
[46] Aristotle (1984a, 3.2, 111b20ff),译文稍有修改。
[47] 戴夫·埃斯普雷 (Dave Esprey) 是一个技术投资人,后来成了一个生物黑客创业者,他也是斯多葛主义的拥护者 (Garfield, 2016)。
[48] Seneca (1932a, 14)。

[49] 的确，一个想要逃避死亡的生物黑客将其产品命名为"刀枪不入"（Garfield, 2016）。

[50] 关于这里对斯多葛学派自杀观的讨论，我很感激米里亚姆·格里芬（Miriam Griffin）那篇分为两部分的精彩文章（Griffin, 1986a, 1986b）。

[51] Laertius (1925, 7.130)。

[52] Kant (1964, 6:424)。

[53] Zuckerberg (2018, p.48)。

[54] Dozier (2017)。

[55] 这里我要感谢与格兰维尔德（Grahn-Wilder）所进行的讨论（2018, pp.245-246）。

[56] 这里使用了玛莎·努斯鲍姆的译本，参见 Nussbaum (2002, pp.316-317)。在同一篇文章中，努斯鲍姆颇有说服力地认为穆索尼乌斯持有一种"不完全的女性主义"。

第 8 课

[1] Seneca (1995a, 3.36)。

[2] Martin (2020)。

[3] Seneca (2015, 28.10)，对格雷弗和朗的翻译进行了一点微小的修正，在 te offende 这个词上用贴合字面意义的"攻击你自己"替换了"严厉对待你自己"。

[4] Sorabji (2000, p.13)。

[5] Epictetus (1995, 4.12)。

[6] 对某些有关"认知负荷"及弱化自控的研究的评述，参见 Kahneman (2011, 尤其是第 3 章"懒散的控制者", pp.31-49)。

[7] Seneca (1995a, 3.36-38)。对翻译稍做了修正。

[8] Seneca (1995a, 3.36.2；3.37.3)。

[9] Seneca (1995a, 2.36)。参见 Sorabji (2000, p.213)。

[10] Seneca (2015, 59.15)。斯多葛派的语汇中也包含"Anxietas"，它

出自希腊词 angb，指的是承受着重担的或受烦恼的，不过其动词形式指的是"使窒息"或"紧勒"或"挤攥"，现在的医学用词"angina"就是保留了这重意思，描述的是一种紧张或胸中有挤压感的感觉。有关一个生动的对焦虑概念历史的讨论，参见 Le Doux (2015)。

[11] Brennan (2005, p.71)。更多有关圣贤在认识论上的所向披靡，以及斯多葛派所谓对 kataleptic 印象的"强烈接受"，尤其参见 pp.69-73。

[12] Brennan (2005, p.73)。

[13] Seneca (2015, 59.16)。

[14] Mill (1979, Ch.2)。

[15] 最早期样态的现代认知行为治疗，创建者是艾伯特·埃利斯以及阿龙·贝克，他们受到斯多葛派对情感的认知性观点影响，并视其为现代认知式心理治疗的先驱。他们的观点被称为"理性情感心理疗法"（Beck, 1975; Ellis, 1962）。当代对二者关系的考察，请参考唐纳德·罗伯逊的工作（Donald Robertson, 2019）。

[16] 斯多葛派不仅喜欢探索，还喜欢规劝。多数当代心理治疗师主张不去加重患者的焦虑和内疚，正是焦虑和内疚使患者向他们求助。对自我认知及心理分析之内的道德视角的讨论，参见 Sherman (1995d)。

[17] 有一些经验科学研究考察吠陀派冥想在缓解焦虑方面的长期有效性。参见 Hartley, Mavrodaris, Flowers, Ernst, & Rees (2014); Walton, Schneider, & Nidch (2004)。对正念和创伤的研究，以及一个基于正念的军事体能训练模型，参见 Stanley (2019)。有非常多的研究尝试通过辅助药物及大脑成像来理解各种冥想的心灵状态、过程和功用。不过这些研究中的术语仍有模糊之处，也不清楚它们调查研究的和依传统长期冥想的人进行的冥想之间有什么关系。若想更好地了解此问题，参见 Dam NTV (2018)。

[18] 来自 2020 年 3 月 20 日在 zoom 上与谢米·谢思的访谈。在此感谢西蒙·德鲁的引荐。

[19] Von Arnim [1964, SVF 2.117; 1964, SVF 3.95 (Stobaeus Eclogae) 2.58]。
[20] Rinpoche（1992）。同时参见 Thurman (1984)；Guenther (1989)。
[21] Thurman (1984, pp.245-246)。
[22] 对印象是心灵状态和信念、情感是事件的更细致的讨论，参见 Brennan (2005, pp.65-69)。
[23] 来自 2020 年 6 月 3 日与多比·赫里恩和鲍勃·辛波的访谈，在此感谢西蒙·德鲁的引荐。
[24] Mischel & Ebessen (1970)，测试进行于斯坦福必应幼儿园（Stanford Bing Nursery School）。原本的测试是用 5 根咸脆饼干棒作小奖励，用 5 根咸脆饼干棒加两块曲奇饼干作延时补偿奖励。行为模块使人也联想到柏拉图《理想国》开篇（2.359dff）借格劳孔（Glaucon）之口复述的古各斯（Gyges）的戒指的传说。如果他们都有一枚魔法戒指，戴在手指上旋转一下就能使他们隐身，那么公正和不公正的人会采取不同的行为吗？如格劳孔所问的，如果没有惩罚和奖励，他们在不受监督的情况下会如何行动？
[25] Mischel, Ayduk, et al (2011); Murray (2016); Konnikova (2014); Healy (2018)。
[26] Seneca (1995a, 2.4.2)。
[27] 对斯多葛派有关情感与冲动的思想的解读，参见 Brennan (2005, p.87)。
[28] Kahneman (2011, P.21)。
[29] Seneca (1995a, 2.2-4)。
[30] Kahneman (2011, P.24)。
[31] Seneca (2015, 104.26-33; 98.17)。
[32] Cicero (1991, 3.47; 2001, 2.62); Mayer (2008, p.302)。
[33] Quintilian, 12.2.30。
[34] Seneca (2015, p.6)。
[35] Seneca (2015, 4.6-7)。

[36] Seneca (2015, 63.15)。
[37] 我在 1998—2004 年几次采访过休·汤普森，并在 Sherman (2005b) 中对他有详细的描写。我回想起汤普森的事例，是在考虑警察暴力以及为了防止警察之间互相龃龉而存在的"静默之墙"传统时。有关这个话题，参见 Acherman (2020)。
[38] 美联社 (1998)。
[39] 有关汤普森返回美莱村之行，参见迈克·华莱士（Mike Wallace）对汤普森的《60 分钟》（*60 Minutes*）访谈（T. Anderson, 1998）。并且参看比尔顿（Bilton, 1992）的重要调查新闻。亦见 Angers (1999)。
[40] Nussbaum (2015, 2016)。并且参见她对斯多葛主义和报复的讨论（Nussbaum, 2016, 尤其是 pp.35-38）。
[41] 卡利在 2009 年首次公开道歉。休·汤普森在 2006 年 1 月去世。我在拙作《斯多葛战士》（2005）出版后不久悲痛地得知了他去世的消息。
[42] Seneca (1995b, 1.15.2)。
[43] Seneca (1995b, 1.6.2)。
[44] Cicero (2001, 1.114)。并且参看 1.124-46 有关合适的行动中十分重要的举止的精微之处。有关西塞罗对生命中角色的富有洞察性的讨论，参见 Gill (1988)。
[45] Seneca (1995b, 1.6-7)。
[46] Seneca (1995b, 2.3)。
[47] Cicero (2001, 1.146)。
[48] Darwin (1872); Ekman (1982); Ekman & Friesen (1980); Goffman (1959)。对情感表达的哲学研究，参见 Glazer (2014, 2016, 2017)。
[49] Seneca (1995b, 1.3.2)。
[50] Seneca (1995b, 2.17.3-7)。
[51] Emde, Gaensbauer, & Harmon (1976); Greenspan (1989); Stern (1985)。

[52] Seneca (1995b, 1.15.6)。
[53] Strawson (1993, p.49)。
[54] 此处或许可以联想到阿莉·罗素·霍克希尔德（Arlie Russell Hochschild）富有洞察性的"情绪劳动"概念（Hochschild, 1983），尽管她原本的概念有关妇女的工作及其为使商业受益但牺牲了个人利益的情绪管理的接受。这种"表层伪装"导致的压力与焦虑明显是古代斯多葛派无法应对的挑战。

第9课

[1] Seneca (1995b, 3.19)。
[2] Laertius (1970, 6.74)。
[3] Epictetus (1995, 4.1.119)。
[4] Rufus (1947, Fragment 12)。
[5] M.Griffin, (1976, p.257); Seneca (1995b, 3.28); 关于塞内卡对奴隶制的看法，格里芬呈现了一种整体上审慎而平衡的观点 (pp.256-285)。
[6] 塞内卡关于奴役问题有一套基于罗马等级结构和精英家庭经济的社会现实背景的人道主义论述，关于此有一个颇有洞见的观点，参见 Bradley (2008)。
[7] Epictetus (1995, 4.1.79-80)。
[8] Bradley (2008, p.335); Finley (2017, p.189)。
[9] M.Griffin, (1976, pp.256-284)。米里亚姆·格里芬关于尼禄政权中塞内卡的经典研究，还有摩西·芬利（Moses Finley）对古代奴隶制度的里程碑性的研究（Finley, 2017, 初版于1980）都是不可或缺的。布拉德利（Bradley）的工作（Bradley, 2008）充分展示了忽略社会背景带来的理论危机。
[10] Seneca (2015, 47.1)。
[11] Seneca (2015, 47.10)，对翻译稍微进行了修改。
[12] Aristotle (1984b, 1253b32-54a9)。塞内卡是这样反驳那种认为奴

隶是自然工具的观点："工作的分配都是偶然的。每个人本性是由他们给予自身的。"（Seneca, 2015, 47.15）

［13］ Seneca (2015, 47.6-7)。
［14］ Bradley (2008, p.346)。
［15］ Finley (2017, p.179)。
［16］ Seneca, 2015, 122.15。
［17］ Seneca (2015, 47.17)。
［18］ Seneca (2015, 47.16)。
［19］ 最近学界开始关注康德的殖民主义学说和他对人类种族的等级制描述。关于他对殖民实践和奴役之主张的讨论，参见Flikschuh (2014)。
［20］ Epictetus (1983, 1, 5)。
［21］ Aurelius (2011, 8.34)。